LA
BOUTEILLE A L'ENCRE

PIÈCE FÉERIE EN TROIS ACTES ET VINGT TABLEAUX

PRÉCÉDÉE DE

L'AMOUR ET LE TEMPS

PROLOGUE EN DEUX PARTIES

PAR

M. CHARLES GABET

Mise en scène de M. Oscar; Décorations de MM. Cheret et Chanet; Musique de M. Ch. Gourlier;

Costumes dessinés par M. Ballue;

Machines de M. Achille Carré; Divertissements de M. Monet.

Représentée pour la première fois à Paris, sur le Théâtre des Délassements-Comiques, le 4 Septembre 1858.

1er	TABLEAU.	L'Almanach de la vie.	11e	TABLEAU.	Il fait du vent.
2e	—	La Fontaine de Jouvence.	12e	—	L'Enlèvement de Proserpine.
3e	—	L'Éclipse de soleil.	13e	—	Le sire Triguiholles.
4e	—	L'Huttre et les Plaideurs.	14e	—	L'Ile des serpents.
5e	—	As-tu vu la lune?	15e	—	L'Empire des sens.
6e	—	La Ronte sans fin.	16e	—	Le saut de Leucadé.
7e	—	Les Sirènes.	17e	—	La vie en partie double.
8e	—	L'Inondation.	18e	—	Le tour du cadran.
9e	—	Les Grottes sous-marines.	19e	—	A cent pieds sous terre.
10e	—	Le Pays des drogues.	20e	—	Le septième ciel.

PARIS
A LA LIBRAIRIE THÉATRALE, 14, RUE DE GRAMMONT

—

1858

PERSONNAGES

KOLIBRIKIKI............	MM. Montrouge.	LA PREMIÈRE HEURE............	}	Mélanie.
COCODET............	Vilfrid.	FLEUR D'ORANGER............		
TAISTONBEC............	Pelletier.	LA TARENTULE............	}	Mmes Clotilde.
MUGUET............	Boyer.	LA PILULE............		
LE TEMPS............	Tacova.	LE SERPENT A SONNETTES......		
QUARTIER DES LOMBARDS......	} Mérigot.	LA CAPITAINE............	}	Dorléans.
L'ŒIL............		LA BOURRACHE............		
LANCELOT............	} Hoffmann.	LA COULEUVRE............		
LE CAMÉLÉON............		L'OREILLE............		
CLISO............	} Gothi fils.	LA DEUXIÈME HEURE............	}	Adèle.
L'ŒIL POCHÉ............		SYRÈNE............		
GINGEMBRE............	} Abel Brun.	LA CAMOMILLE............		
LE BOA............		LA DERNIÈRE HEURE............	}	Esther.
MIDI............	} Gothi père.	LE PAGE MICHEL............		
L'ODORAT............		LA VIPÈRE............		
L'EXPLOIT............		L'ŒILLADE............		
LE CAMPHRE............	} Mousseau.	FEUILLE DE SEPT SOUS............	}	Jeanne.
LE TOUCHER............		PARTHÉNOPE............		
LE CHLOROFORME............	C. Dalby.	LA MENTHE............		
LE SCORPION............	} Lebreton.	L'OREILLE AU GUET............		
LE GOUT............		SIRÈNE............	}	Aline.
UN GARÇON............	} Alexandre.	LA MAGNÉSIE............		
LE TOURMENTEUR............		LA TORTUE............		
LE CRAPAUD............	Le Petit Charles.	SIRÈNE............	}	Lacroix.
LA PERSÉVÉRANCE............	Mmes Anna.	LA PIERRE INFERNALE............		
LA DISCORDE............	Henriette.	LE LÉZARD............		
COCODETTE............	Paurelle.	LA SOURDE OREILLE............		
PAQUERETTE............	Désirée.	SIRÈNE............	}	Angèle.
PRINCESSE GUDULE............	Duval.	RHUBARBE............		
L'AMOUR............	Moyse.	ASPIC............		
		LA MANNE............	}	Palmyre.
		DEUXIÈME PAGE............		
		SIRÈNE............		Alexandre.

AU DEUXIÈME ACTE

La Polka des Buveurs

Réglée par M. Oscar et exécutée par

MM. Mérigot, Gothi fils, Hoffmann, A. Brun, Mousseau; Mmes Anna, Mélanie, Clotilde, Dorléans, Jeanne, Adèle, Lacroix, Aline.

AU TROISIÈME ACTE

La Valse des Roses

Réglée par M. Moyet et dansée par

Mlles Rosine, Mélanie, Pauline, Émilie, Béguin, Angélina, Célina, Delphine.

LA BOUTEILLE A L'ENCRE

PIÈCE FÉERIE EN TROIS ACTES ET VINGT TABLEAUX.

Par M. Ch. GABET

PREMIER TABLEAU.
L'ALMANACH DE LA VIE.

Le Théâtre représente des nuages ; au milieu est un grand livre en. tête duquel on lit :

ALMANACH DE LA VIE !

Au lever du rideau, les heures groupées au fond, cherchent en vain à lutter contre le sommeil et tombent accablées.

SCÈNE PREMIÈRE.

MIDI, LES HEURES, LE TEMPS.

CHŒUR DES HEURES.

AIR :

Cédons à la puissance
Qui nous ferme les yeux,
Nous sommes sans défense
Contre l'arrêt des dieux.

LA PREMIÈRE HEURE.

C'est le temps qui nous a fait naître
Comme les jours, les mois, les ans.
Veillons au gré de notre maître,
Dormons au gré du temps.

MIDI, *ronflant et se réveillant en sursaut.* Hein ? qui est-ce qui ronfle?

LA PREMIÈRE HEURE. Mais c'est toi, mon pauvre Midi.

LA DEUXIÈME HEURE. Toi, qui cèdes comme nous à une puissance invincible.

LA DERNIÈRE HEURE. Le temps voudrait-il désormais renoncer au concours des heures ?

MIDI. Le temps se passer des heures ! Il se garderait bien de donner aux humains cette satisfaction ! c'est bon pour les mortels de se plaindre que les heures ne vont point assez vite.

LA PREMIÈRE HEURE. En attendant, les forces nous abandonnent.

LA DEUXIÈME HEURE. Et nous tombons anéanties.

REPRISE DU CHŒUR.

Cédons à la puissance, etc.

LE TEMPS. Que vois-je ? les heures sans aiguilles ! quelle existence décousue... Rien ne va plus, le siècle est engourdi, l'année est paralysée, les mois sont impotents, les jours sont perclus, et voilà que les heures s'endorment. Avec de semblables infirmes quels progrès voulez-vous que fasse le temps?

MIDI, *rêvant.* Le grand ressort est cassé, bonsoir la compagnie.

LE TEMPS. Midi lui-même le sang glacé!... Voyons, toi, Midi, comme chef des heures, tu dois savoir quelque chose en ce qui touche le cadran. Parle ! (*Le secouant.*) Mais parle donc !

MIDI, *bâillant.* Oh!...

LE TEMPS. Je saurai bien le ranimer... (*Il lui donne un coup de pied qui détermine un tintement.*) Quel son fêlé ! (*Tournant autour de lui.*) Aurait-il une paille ? (*Il lui donne successivement deux coups de pied qui produisent deux sons.*)

MIDI, *s'éveillant.* Qui est-ce qui se permet de toucher à ma sonnerie ? (*A part.*) Le Temps !

LE TEMPS. Enfin ! réponds ; les aiguilles, pourquoi ne tricotent-elles pas ?

MIDI. Elles sont rouillées.

LE TEMPS. Le timbre ?

MIDI. Il est fêlé.

LE TEMPS. Le mouvement ?

MIDI. Est détraqué.

LE TEMPS. Et le balancier ?

MIDI. Balancé.

LE TEMPS. Quelle balançoire ! que l'on m'amène le grand ressort.

MIDI. Ah! bien, ouiche!... Votre horloger en chef a déclaré que le grand ressort était cassé.

LE TEMPS. Allons donc, il fallait bien y arriver ; si jamais vous remarquez le moindre embarras dans vos mouvements... de pendules, voyez les plus fameux horlogers : quand vous consulteriez le roi d'entre eux, il vous répondrait invariablement : Le grand ressort est cassé ; c'est toujours la même chanson et le refrain toujours six francs. Mais je la connais ! si le grand ressort est cassé, j'en verrai du moins les morceaux.

MIDI. Qu'on apporte les restes du grand ressort.

LE TEMPS. Il paraît que, cette fois, c'est sérieux.

SCÈNE II.

LES MÊMES, LE CADRAN, LE BALANCIER, LE TIMBRE et LE MOUVEMENT *apportant un brancard sur lequel sont les débris du grand ressort.*

ENSEMBLE.

AIR : *Ah ! ah ! ah !*

Ah ! ah ! ah ! ah ! ah ! ah ! ah ! ah !
Finir comme ça !
Quitter le rouage
A son âge !
Ah ! ah ! ah ! ah ! ah ! ah ! ah ! ah !
Quel chagrin, hélas !
Se mettre en quatre ! ah ! quel trépas !

LE TEMPS.

Mais à qui doit-on s'en prendre,
Si le grand ressort n'est plus ?

LA PREMIÈRE HEURE.

C'est la faute de Vénus,
Il avait le cœur trop tendre.

REPRISE.

Ah ! ah ! ah ! ah ! ah ! ah ! ah ! ah !

LE TEMPS. C'est la faute de Vénus si le grand ressort est cassé ?

MIDI. Sans doute.

LE TEMPS. Comment cela ?

LA PREMIÈRE HEURE. L'explication est facile : Votre Seigneurie, le Temps, ne vit que par les Ans, les Ans ne vivent que par les Mois, les Mois que par les Jours et les Jours que par les Heures ; or, comme dans son œuvre de destruction le Temps n'épargne pas l'Amour, l'Amour pour arrêter le Temps, a fait arrêter les Heures.

LE TEMPS. Mais comment s'y est-il pris?

LA PREMIÈRE HEURE. Il dépêcha Vénus au Grand-Ressort. Pour plaire à la déesse de la beauté, le Grand-Ressort se mit en quatre, et l'Amour le condamna à rester... comme il s'était mis.

LE TEMPS. Je le ressusciterai. Aidez-moi, vous autres, et nous aurons bientôt rendu aux Heures l'énergie qui leur manque.

ENSEMBLE.

Air : *du Palais de Chrisocale.*

Bientôt nous allons voir
Renaître à l'existence
L'ami de notre enfance,
Le revoir ! ah ! quel doux espoir !

Sans nous tromper, à son raccommodage
Procédons vite, et, grâce à mon moyen,
Nul ne pourra se douter du dommage,
Mais ayons soin qu'il ne lui manque rien.

(*Parlé.*) Passez-moi la jambe gauche.

REPRISE.

Bientôt nous allons voir...

LE TEMPS. Je crois que le voilà bien complet, et, avec un peu d'huile, il aura bientôt repris sa marche... Il rouvre les yeux. (*Le Grand-Ressort élève un bras, puis l'autre.*)

MIDI. Il recouvre l'échappement.

TOUS. Sauvé ! il est sauvé !...

LES HEURES, *se ranimant.*

CHŒUR.

AIR :

Hommage à la puissance
Qui nous rouvre les yeux,
Notre reconnaissance
En rend grâces aux dieux.

LE TEMPS. Le grand ressort est rétabli, et il suffirait à présent d'un bon Mouvement...

LE MOUVEMENT *s'avance en boitant.* Présent !

LE TEMPS. Sapristi ! si le Mouvement a de pareilles jambes, nous irons loin. Tu n'es pas honteux ? Mais à une époque comme celle-ci, les horloges devraient toutes marcher à la vapeur, et l'on voit encore des coucous !... C'était bon au temps de l'Œil-de-Bœuf.

LA PREMIÈRE HEURE. Coucou est notre père...

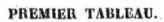

1858

LE TEMPS. Ça, c'est une question.
LA PREMIÈRE HEURE. Coucou, coucou mon père...
LE TEMPS. N'entrons pas dans ces détails de famille, et hâtez-vous de reprendre vos fonctions respectives. (*Le Grand-Ressort, le Mouvement, le Timbre, le Cadran et le balancier se groupent au milieu des Heures, de façon à représenter une horloge.*)
MIDI, *au Temps.* Votre Seigneurie peut maintenant régler avec les humains et leur compter les jours.
LE TEMPS. C'est avec joie, je l'avoue, que je vais rayer pour chacun, de l'almanach de la vie, les heures écoulées... Une plume et de l'encre ! (*Midi arrache au temps une plume de l'aile et la lui présente.* — *Il paraît une espèce de dame-jeanne sur laquelle on lit :* BOUTEILLE A L'ENCRE.

LE TEMPS.

Passez, comme il faut que tout passe.
Heures de plaisirs, de tourments ;
Si quelque mortel criait grâce,
Passez, tributaires du temps.

LA PREMIÈRE HEURE.

Heures, vous qui donnez naissance
A toutes les fleurs du printemps,
Heures d'amour et d'espérance
Aux heureux prolongez le temps.

LE TEMPS, *faisant une barre à l'almanach.* Et d'une !

LA DERNIÈRE HEURE.

Heures qui glacez l'existence
Et déchaînez les ouragans,
Heures de plainte et de souffrance
Au malheur abrégez le temps.

LE TIMBRE, *va pour sonner, mais son bras s'arrête.* Aïe ! aïe !...
LE TEMPS. Qu'est-ce que c'est encore ?
LE TIMBRE. Une crampe !... Je ne peux plus bouger.
LE TEMPS. Que le diable t'emporte ! Au surplus, je saurai bien me passer de vos services à tous (*Il fait une seconde barre à l'Almanach, mais elle disparaît aussitôt ainsi que la première.*)
LE TEMPS. Ai-je la berlue ?... (*Il recommence, semblable effet se reproduit.*) Quoi ! ces indications des heures finies s'effacent aussitôt que tracées ! (*Il tente un dernier essai, il le constate, le résultat est le même.*)
MIDI. C'est sans doute encore par quelque sortilége de l'Amour.
LE TEMPS. L'Amour !

AIR : *L'Amour qué qu'est-ce ça*

L'Amour ! ah ! le petit diable !
D'un si vilain tour
Je crois bien capable l'Amour...
Oui, l'Amour est coupable
De ce tour pendable,
Coupable est l'Amour.

A tous les amoureux
Je veux faire la guerre,
Au mari débonnaire
Il faut enfin ouvrir les yeux ;
Des blés, nous chasserons
Ces trop hardis larrons
Enjôlant les fillettes ;
Je sèvre les grisettes
Du cidre et des marrons.

TA BOUTEILLE A L'ENCRE.

REPRISE EN CHŒUR.

L'Amour ! ah ! le petit diable... etc.

LA PREMIÈRE HEURE (*même air*).

De partisans nombreux,
L'Amour compte une suite,
Il a, sous sa conduite,
Les champions les plus vigoureux,
Vous, les soldats du Temps,
Au contraire impotents,
Vous ferez dire aux hommes
S'ils défendent les pommes,
C'est qu'ils n'ont plus denis.

REPRISE.

L'Amour, etc.

LE TEMPS. Il faudra pourtant bien que le Temps vienne à bout de l'Amour... mais où le trouver ?...

SCÈNE III.

LES MÊMES, L'AMOUR.

L'AMOUR.

AIR.

J'accours afin de te plaire,
Que veux-tu, dis, je suis là.
Parle, pour te satisfaire,
J'obéirai, me voilà ;

LE TEMPS.

De grands mots, je te dispense,
Tu nous mets en désaccord,
Par quelle manigance
Brisas-tu le Grand-Ressort ?
Je saurai trouver un moyen,
Crois-moi tu n'y gagneras rien.
Si tu lasses ma patience.

L'AMOUR.

Mais pourquoi tant vous démener,
Voilà la pure vérité :
L'on voulait, pour votre santé,

LE TEMPS.

M'envoyer promener.

TOUS. *Reprise.*

L'Amour accourt pour te plaire.

LE TEMPS. C'est ça, afin de n'avoir plus de maître, tu veux détruire les principes de ma constitution, et me faire faire la culbute.
L'AMOUR. Me supposer une pareille pensée...
LE TEMPS. Pourquoi mets-tu des bâtons dans les roues du Mouvement ?... Pourquoi entraves-tu le Balancier ? Tu sais bien que je ne peux pas marcher sans Balancier.
L'AMOUR. Eh bien ! je serai franc avec vous.

AIR *des Charmeurs.*

Le Temps, chacun le disait,
Laissait trop peu d'existence
A l'Amour, qu'on accusait
De tomber en décadence ;
Pour affecter la raison,
On vieillissait avant l'âge,
Criant : à la trahison,
On croyait se montrer sage,
En chantant mon oraison.
Mais le temps qui m'oppresse
Voit luire son dernier jour,
Et la Jeunesse
Doit éterniser l'Amour.

CHŒUR.

Mais, le temps qui l'oppresse,
Voit luire son dernier jour,

Et la jeunesse
Doit éterniser l'Amour.
Victime d'un guet-apens,
Nous verrons finir le Temps ;
La Jeunesse,
Qui s'empresse,
Offre à l'Amour
Son séjour.

LE TEMPS. Si tu ne comptes que sur la Jeunesse, je suis bien tranquille ; non-seulement elle a renié tous ses penchants pour se cacher sous le masque de la prétention, mais encore, trop pressée d'atteindre la fortune pour s'amuser aux bagatelles de l'Amour, la Jeunesse t'a délaissé pour se faire boursicotière.
MIDI. Boursicotière !... pouah !...
LE TEMPS. Le capital, voilà sa seule marotte ; elle n'admet de bonnes actions qu'en portefeuille ; l'on ne cote plus les sentiments et la beauté s'escompte à peine. — Il n'y a que les héritières de fermes...
MIDI. Oh !...
LE TEMPS. Bref, on ne fait de primes que sur les dots. Aussi, quand vient la liquidation, on ne trouve guère sur la place d'époux comptant, et la plupart des maris sont... exécutés... Ah ! tu ne saurais le nier, mon pauvre Cupidon, le dieu du commerce a tué l'Amour.
L'AMOUR. Tu vois bien cependant que je ne suis pas tout à fait mort.

AIR *précédent.*

Je dois à la vérité
Que la fièvre de la bourse
A, dans la cupidité,
Une intarissable source ;
Mais le négociateur
Voit, dans sa triste agonie,
Fuir et la joie et l'honneur,
Qu'accompagne le génie
Lorsque s'élève le cœur.
Ce pouvoir qui s'abaisse
Voit luire son dernier jour,
Et la jeunesse
Éternisera l'Amour.

REPRISE EN CHŒUR.

Ce pouvoir qui s'abaisse, etc.

L'AMOUR. La Jeunesse ne veut plus de bâillon, fût-il d'or, et il me serait facile de te prouver qu'on sait encore danser et rire, et chanter, et s'aimer.
LE TEMPS. Je t'en défie...
L'AMOUR. Regarde. (*L'Almanach de la vie disparaît... les nuages s'entr'ouvrent et laissent voir sous une voûte de feuillages une fontaine au fronton de laquelle on lit :* FONTAINE DE JOUVENCE !

DEUXIÈME TABLEAU.

LA FONTAINE DE JOUVENCE.

SCÈNE PREMIÈRE.

LE TEMPS, L'AMOUR, MUGUET, PAQUERETTE, PAYSANS, VILLAGEOISES, *puis* COCODET, *et enfin* COCODETTE.

CHŒUR DES PAYSANS.

AIR : *Nous n'irons plus au bois.*

Du rossignol qui chante
Écoutez les accents
Sa chanson séduisante
Engage les amants

COCODETTE.
Constamment écloses
Restez, fraîches roses,
Restez toujours
Fraîches ainsi que nos amours.

COCODET.
Cher Cocodette.

COCODETTE.
Cher Cocodet.

REPRISE.
Du rossignol qui chante, etc.

PAQUERETTE.
Conservez sans cesse
Vos chants d'allégresse,
Joyeux bosquets,
Conservez surtout vos muguets.

MUGUET.
Chère Pâquerette,

PAQUERETTE.
Cher Muguet.

REPRISE.
Conservez sans cesse, etc.

LE TEMPS. Voyez-vous ça ! mais, moi aidant, les roses se fanent et les muguets jaunissent, et les filles et les garçons font comme les roses et les muguets.

L'AMOUR. Qu'importe ! s'ils refleurissent à leur gré.

SCÈNE II.

Les Mêmes, TAISTONBEC. (*Il est tellement vieux, qu'il faut l'aider pour qu'il puisse marcher.*)

CHŒUR.

Air du Pacha dérangé.

Du vieillard courbé sous les ans,
Soutenons les pas chancelants..
Bientôt son âm s'en ira
Vers Dieu qui le créa.

LE TEMPS. Eh bien ! en voilà un qui ne ferait pas mal de refleurir un tantinet, si les mortels ont, à présent, l'heureux privilége que tu leur attribues.

L'AMOUR. Tu vas en juger...

TAISTONBEC, *d'une voix cassée.* Mes enfants, vous m'avez convaincu ; la jeunesse et ses illusions valent encore mieux que l'expérience avec ses rides.—Je veux pouvoir danser comme vous ; je veux retrouver mes jambes d'autrefois. (*Il manque de tomber.*)

LE TEMPS. Oui, mais flûte !

TAISTONBEC. Comme vous, je veux renaître à l'amour.

LE TEMPS. Va donc t'asseoir... (*Cocodette présente à Taistonbec une coquille remplie d'eau de Jouvence, qu'elle vient de puiser à la fontaine.*)

L'AMOUR. Que les eaux de la fontaine de Jouvence exaucent les souhaits...

TAISTONBEC. Donne, donne... (*Il boit, et redevient aussitôt jeune.*)

LE TEMPS. Saperlotte ! il a refleuri !

L'AMOUR. Comme tous ceux qui viendront puiser à cette intarissable source de jeunesse.

LE TEMPS. Ainsi le Temps n'est plus qu'un vain mot... me voilà en panne, et j'en suis réduit à mettre mes attributs au clou... mais il ne sera pas dit que je m'éteindrai sans un dernier éclat et, si je ne puis tarir les eaux de ce bassin, j'y verserai du moins la vengeance. (*Il jette dans le bassin la bouteille à l'encre*).

L'AMOUR. Que fais-tu ?

LE TEMPS. J'ajoute une nouvelle couleur à l'espèce humaine; tous ceux qui maintenant recourront aux eaux de cette fontaine deviendront noirs : noire sera leur postérité, ça pourra faire longtemps chercher l'origine des nègres.

L'AMOUR. As-tu donc oublié que la fontaine de Jouvence a son antipode ?

LE TEMPS. Dans le temple de l'Immortalité, je le sais.

L'AMOUR. Et une seule goutte de l'eau de cette source régénératrice suffirait pour purifier ce bassin.

LE TEMPS. Encore faudrait-il qu'un mortel parvînt à l'y aller chercher, et voilà le hic.

L'AMOUR. Ne défie pas l'Amour.

LE TEMPS. Oh ! je te sais capable de faire commettre toutes les extravagances imaginables, mais je n'ai pas peur.

L'AMOUR. Garde ta confiance, je garde mon espoir.

TAISTONBEC. Le gouverneur ! place à Son Altesse Sérénissime le prince Kolibrikiki.

SCÈNE III.

Les Mêmes, LE PRINCE KOLIBRIKIKI, *suite du Prince.*

CHŒUR.

Air : du Songe d'une nuit d'été.

Notre maître
Va paraître,
Honneur, honneur au gouverneur
Notre maître
Va paraître,
Honneur à ce puissant seigneur.

LE PRINCE.

Ah ! que mon peuple m'embête,
Jamais, j'en engage ma foi,
Un roi ne fut à la tête
D'aussi mauvais sujets que moi.

REPRISE.

Notre maître, etc.

TOUS. Vive le Gouverneur ! vive le Gouverneur !

LE PRINCE. Assez, vile multitude, assez... Mais où est donc mon pauvre Taistonbec ?...

TAISTONBEC. Me voici, Prince.

LE PRINCE. Eh ! quoi ! mon vieux, toi, si jeune ! c'est merveilleux... On ne m'avait pas trompé sur l'efficacité de ces bains ; or, l'épreuve me décide. (*Il prépare un caleçon de bain.*)

TAISTONBEC. Que va faire Votre Altesse ?...

LE PRINCE. Tiens, mais je ne serais pas fâché non plus de retrancher quelques lustres de mon existence, si éclatants qu'ils puissent être.

AIR : *de l'Apothicaire.*

Après avoir vu le succès
De ton heureuse tentative,
Qui donc ne voudrait désormais,
Mettre son âge à la lessive...
Vieillir, quel un vieil abus ;
Pour le progrès plus de barrières...
Les lustres que je n'aurai plus
Vont me faire aimer les lumières.

TAISTONBEC. Mais, prince, c'est que vous ignorez...

LE PRINCE. Tiens-moi mon caleçon... (*Il va pour se déshabiller.*)

TAISTONBEC. Il faut pourtant que vous sachiez...

LE PRINCE. Je ne veux rien savoir... Ah ! si, je veux savoir si elle est bonne. (*Il plonge son bras dans l'eau.*)

LE TEMPS, *à part.* Je suis curieux de voir comment il en sortira...

LE PRINCE, *retirant son bras devenu complétement noir.* Ah ! nom d'un chien !.. Et tu ne me préviens pas....

TAISTONBEC. Je voulais au contraire avertir Votre Seigneurie....

LE PRINCE. J'ai dans la main toute l'ardeur de la jeunesse ; depuis que mon bras est noir, il est bien vert, mais ça ne suffit pas ; Taistonbec, à quel infernal complot dois-je attribuer ce qui m'arrive ?.... Parle, Taistonbec, parle ?

TAISTONBEC. Monseigneur, c'est le Temps.

LE PRINCE. Assez !... (*Montrant ses cheveux.*) Quand le Temps a eu la platitude de me gratifier de ces mèches blanches, je n'ai rien dit ; mais s'il avait le droit de me blanchir, il n'a pas le droit de me teindre.

TAISTONBEC. Assurément...

LE PRINCE. Une telle persécution me lasse, à la fin, et je m'insurge contre le Temps ; insurgeons-nous.

TOUS. Oui, oui.

L'AMOUR. Très-bien.

LE PRINCE. Mais comment venir à bout d'un aussi formidable ennemi que le Temps ?

MUGUET. Avec l'assistance de l'Amour !

COCODETTE. V'là c'qui peut s'appeler une bonne manière de tuer le Temps..... Qu'en dis-tu, Cocodet ?

COCODET. Dam ! j'sais pas.

LE TEMPS. Ah ! vous voulez tuer le Temps, eh bien ! le Temps ne vous épargnera pas. je vous accablerai de maux, et, vieillis avant l'âge, vous vous traînerez péniblement jusqu'au terme de vos souffrances.

L'AMOUR. Encore une fois, je te le répète, si tu possèdes le pouvoir de commander aux ans, le moyen existe, pour eux, d'en arrêter à jamais le cours.

LE TEMPS. Oui, mais pour aller aux antipodes, il y a du chemin.

L'AMOUR. Muguet est brave, il se dévouera pour celle qu'il aime, et, dans ce pénible voyage, je lui donnerai pour soutien la Persévérance.

SCÈNE IV.

Les Précédents, LA PERSÉVÉRANCE, *puis* LA DISCORDE. *La Persévérance paraît à l'invocation de l'Amour.*

TOUS. La Persévérance !

LE TEMPS. Ils auront à lutter contre la Discorde. (*Sur l'invocation du Temps paraît la Discorde.*)

TOUS. La Discorde !

LE TEMPS. Et nous verrons s'ils triompheront des mille obstacles qui surgiront de la bouteille à l'encre, pour leur barrer le chemin.

LA PERSÉVÉRANCE *à l'Amour.* Quand devons-nous avoir atteint le but de notre voyage ?

L'AMOUR. Quand le soleil aura parcouru le zodiaque.

LE TEMPS *à la Discorde.* C'est tout une année ; ils ne te résisteront pas trois cent soixante-cinq jours.

LA DISCORDE *au Temps.* Sois tranquille.

LE TEMPS *à l'Amour.* Tu as voulu la guerre, eh bien, donc, la guerre !

L'AMOUR. La guerre ! Courage, mes amis, et que vos chants apprennent à notre ennemi, votre confiance dans l'Amour.

REPRISE DE LA RONDE.

Du rossignol qui chante
Écoutez les accents ;
Sa chanson séduisante
Engage les amants,
Restez, fraîches roses,
Constamment écloses,
Restez toujours
Fraîches ainsi que nos amours.

TROISIÈME TABLEAU.

L'ÉCLIPSE DE SOLEIL.

Une riche campagne, habitation à droite avec balcon ; à gauche, une humble chaumière.

SCÈNE PREMIÈRE.

MUGUET, COCODETTE, *puis* COCODET *et* PAQUERETTE. *(Muguet et Cocodette entrent, l'un par la droite, l'autre par la gauche ; ils ne s'aperçoivent pas et marchent avec précaution comme s'ils craignaient d'être surpris ; chacun porte un paquet au bout d'un bâton de voyage.)*

ENSEMBLE.

AIR : *de Richard Cœur-de-lion (Un bandeau.)*

Mettons à profit la nuit
Et ne faisons pas de bruit,
Bientôt le jour va naître,
Au départ il faut songer,
Avant peu l'étoile du berger
Du ciel va disparaître

(Muguet et Cocodette se rencontrent.)

MUGUET. Quelqu'un !... qui va là ?
COCODETTE. Je ne me trompe pas...
MUGUET. Répondrez-vous ?
COCODETTE. Monsieur Muguet !
MUGUET. Cocodette ! que viens-tu faire ici, à pareille heure ?
COCODETTE. Ne devez-vous pas ce matin, aussitôt le soleil levé, partir pour cette mystérieuse contrée où vous allez chercher à Paquerette la fameuse eau de... de...
MUGUET. L'eau vierge de l'éternelle jeunesse ?... oui.
COCODETTE. J'en veux aussi mon carafon ; et comme Cocodet a promis de m'accompagner *(montrant son bagage)*, je viens lui donner son paquet.
MUGUET. Je comprends.
COCODETTE. Mais, vous-même, vous v'là bien matin de ce côté.
MUGUET. Moi ? je viens faire mes adieux à Paquerette.
COCODETTE. Apprenons-leur donc que nous sommes là.
MUGUET. Tu as raison.

DUO.

AIR : *Au clair de lalune.*

Pour un long voyage,
Il me faut partir
   te
L'amour nous présage
Un doux avenir
Comblez mon ivresse
Comble
Faites- moi l'aveu
Et fais-
De votre tendresse
D'un peu de
Pour l'amour de Dieu.

MUGUET, *à Paquerette, qui paraît au balcon.* Chère Paquerette, votre cœur m'a deviné !

COCODET, *en bonnet de coton, à l'œil-de-bœuf de la chaumière, et se frottant les yeux.* On ne peut donc plus dormir tranquille ?... Qui, diable me réveille ainsi ?

COCODETTE. C'est moi, mon petit Cocodet.

COCODET. Comment, c'est vous ?... que le bon Dieu vous bénisse !

COCODETTE. Eh bien, vous êtes gentil d'me recevoir comme ça !... Et l'Amour ne me vengera pas !... *(Cocodet veut retirer sa tête de l'œil-de-bœuf, mais l'ouverture s'est rétrécie de façon qu'il a le cou serré.)*

COCODET. Oh ! la fraîcheur de la nuit qu'a fait gonfler ma tête !... Mais j'étrangle !... au secours !...

COCODETTE. L'Amour m'a entendue.

COCODET. S'il écoute, je t'en prie, dis-lui... Aïe !

MUGUET. Que m'apprenez-vous, Paquerette ?

PAQUERETTE. La triste vérité. Pour obéir aux ordres du prince Kolibrikiki, notre gouverneur, mon oncle prétend me marier au seigneur Taistonbec.

MUGUET. Que faire ?

COCODET. Cocodette, ma petite Cocodette... me faire étrangler pour me rendre amoureux !... en v'là un moyen !... Comme j'aurais bien fait de ne pas vous répondre et de ne pas me fourrer la tête dans l'œil... *(Criant.)* Cocodette !...

COCODETTE. Jurez-vous d'être plus aimable à l'avenir ?

COCODET. Je le jure tout ce que tu voudras... *(L'œil-de-bœuf s'agrandit.)* Tiens, je dégonfle !

COCODETTE. Allons, descendez.

COCODET. Pour ça, avec plaisir.

PAQUERETTE, *à Muguet.* Si vous partez, qui me soutiendra ?

MUGUET. Il faut aller trouver votre marraine, la reine des fées ; elle vous aime, et, sous sa puissante protection, vous n'aurez plus à redouter l'union qu'on veut vous imposer.

PAQUERETTE. Vous avez raison. Cocodette, tu m'accompagneras. Mais, que dis-je ? pour fuir, il faudrait pouvoir tromper la vigilance de mes gardiens, et la porte de ce manoir est bien fermée !

COCODETTE. Si la porte est fermée, la fenêtre est ouverte.

PAQUERETTE. Y penses-tu, descendre par là ?

COCODETTE. Les balcons ne sont faits que pour de semblables occasions ; aussi, ils se prêtent toujours à la circonstance. *(Le balcon descend au niveau de terre.)*

COCODET. On n'accusera toujours pas celui-ci de mauvaise volonté.

MUGUET. Tout nous favorise.

COCODETTE. Le jour se lève, ne perdons pas de temps, filons.

COCODET. Filons.

ENSEMBLE

AIR : *des Mousquetaires de la Reine.*

Il faut partir, la nuit s'achève,
Le bonheur passe comme un rêve,
Vite, profitons de la trêve,
Que nous accorde l'Amour.
Avant que l'absence cruelle
Nous sépare en ce triste jour,
Je jure d'attendre fidèle
Le moment béni du retour.

MUGUET.

Me séparer de vous...
Sans vous, je ne puis vivre...
Non, non, je veux vous suivre.

PAQUERETTE.

Quand vous serez mon époux.

REPRISE.

Il faut partir, etc.

(bruit de tambour.)

COCODET. Le tambour !... qu'est-ce qui a perdu quéque chose ?... Tous les habitants de l'île !... le seigneur Taistonbec !...

MUGUET. Malheur à lui !

PAQUERETTE. Au nom du ciel, pas d'imprudence !

COCODETTE. Tenons-nous à l'écart. *(Ils se cachent.)*

SCÈNE II.

TAISTONBEC, UN TAMBOUR, DIFFÉRENTS HABITANTS ; MUGUET, COCODET, PAQUERETTE *et* COCODETTE *cachés.*

ENSEMBLE.

AIR : *Ah! c' cadet-là.*

Tous écoutons,
Et nous connaîtrons
L'arrêt de notre maître
Tous écoutons,
Et nous apprendrons
Ce qui vient de paraître,
Paraître, paraître.

TAISTONBEC, *au tambour, qui exécute un roulement.* Assez ! *(Lisant.)* Ce troisième jour de la trente-trois mille trois cent trente-troisième lune de notre règne, nous, gouverneur de la terre d'or, prince Alfred Kolibrikiki, ordonnons : 1° Qu'il sera accordé, sans restriction aucune, toute faveur que demandera celui ou celle qui parviendrait à tuer le Temps ; 2° La perte du Temps étant la condition mise à notre mariage avec notre puissante alliée la princesse Gudule, il sera accordé, sans restriction aucune, toute faveur que demandera... Ah ! je l'ai déjà dit.

COCODET.

AIR : *du tra.*

Vous promettez beaucoup,
Mais tiendrez-vous autant ?

TAISTONBEC.
Ah! voici, pour le coup,
Un maroufle insolent.
COCODET.
Voyez-vous, mon brave homme
C'est que j'connaissons ça,
Nous ép'luch'rons la pomme
Et pis l' princ' la mang'ra
En nous f'sant ça, tra la la,
Sur l'air du tra, la, la la,
Sur l'air du tra déri déra,
Tra la la.

TAISTONBEC. Tu dis, coquin?
COCODET. Dam! les services rendus, des fois, ça s'oublie.
TAISTONBEC. Oui-da, eh bien! n'oubliez pas ceci : 3° Pour que le Temps ne puisse, sous quelque forme que ce soit, franchir nos limites, toute créature, homme, femme ou bête, qui tenterait de sortir de l'île, serait aussitôt..... cric.
TOUS. Crac!
TAISTONBEC. Vous m'avez parfaitement compris. Ainsi traqué, ce sera bien le diable si nous ne mettons promptement un terme aux ravages du Temps. (*Considérant l'habitation de Paquerette, et à part.*) Et tu conserveras ta jeunesse et ta beauté, ma Paquerette, sans le secours de ce petit Muguet. (*Haut.*) Allons, allons, du train. (*Sortie.*)

REPRISE.
Tous écoutons etc.

SCÈNE III.

MUGUET, PAQUERETTE, COCODET, COCODETTE, puis LA PERSÉVÉRANCE.

COCODETTE. Eh bien?
COCODET. Nous sommes bloqués!
MUGUET. Nous ne pouvons cependant rester ici.
COCODET. N'as-tu pas entendu l'ordonnance? Toute créature (*il désigne Muguet*), homme (*désignant Cocodette*), femme (*se désignant lui-même*), ou...
COCODETTE. Bête, qui tenterait de sortir de l'île, serait aussitôt... cric...
COCODET, *frissonnant.* Crac!...
MUGUET. Il faut chercher, trouver un moyen; par la persévérance, on arrive à tout.
PAQUERETTE. La persévérance!... elle ne nous manquera pas.
LA PERSÉVÉRANCE. Vous m'avez invoquée, me voici!
TOUS. Ah!...
LA PERSÉVÉRANCE. Il est un chemin difficile que le gouverneur n'a point fait garder, parce qu'il le croit impraticable; c'est par ce chemin qu'il vous faudra sortir de l'île.
COCODET. Fichtre...
LA PERSÉVÉRANCE. Après le coucher du soleil, je vous l'indiquerai; d'ici là, la cabane de Cocodet vous sera un refuge assuré... Espoir et courage.

AIR *de la Part du diable.*

L'amour vous enchaîne,
A vous l'avenir;
Le sort vous entraîne,
Il faut obéir.
La persévérance

Nous protégera,
Sa toute-puissance
Sans cesse vous soutiendra ;
Restez unis, bonne espérance,
Votre ange gardien veillera.

ENSEMBLE.

Restez
Restons unis, bonne espérance
Notre
Votre ange gardien veillera.

(*La Persévérance disparaît.*)

COCODET. Ce qu'il y a de plus certain dans tout ça, c'est que nous aurons du fil à retordre.
COCODETTE. Aurais-tu peur?
COCODET. Moi !... mais oui.
MUGUET. Les épreuves que nous aurons à subir, m'effrayent pour vous, Paquerette ; pour toi, Cocodette.
COCODET. Oh! moi, rien ne m'effraye.
PAQUERETTE. Je ne t'abandonnerai pas.
COCODET. En attendant, vous ne feriez pas mal de rentrer. (*A part.*) J'ai mon idée.
MUGUET. Il a raison, rentrez.
COCODETTE. Vous ne venez pas?
MUGUET. Nous avons à prendre quelques dernières dispositions pour notre voyage. (*Cocodette et Paquerette entrent dans la chaumière.*)
COCODET *à Muguet, qui sort du côté opposé.* Va, si tu as besoin de moi, je te rejoindrai.
MUGUET. A ton aise.

SCÈNE IV.

COCODET, puis TAISTONBEC et LA PRINCESSE GUDULE, puis LA DISCORDE.

COCODET. Le seigneur Taistonbec l'a dit : Il sera accordé tout ce que demandera celui qui trouverait un moyen de perdre le Temps! ça n'est pas difficile de perdre le Temps. (*Il se croise les bras.*) La princesse Gudule!... Taistonbec l'accompagne... Allons... (*Il va prendre un filet dans sa cabane, à la porte de laquelle il s'assied.*)
LA PRINCESSE GUDULE. Ainsi donc, seigneur Taistonbec, une battue générale a été ordonnée... moi et mes amazones nous la dirigerons, car il serait affreux de vieillir.

AIR : *du pas du Serpent (Reine Topaze).*

Je veux rester belle
Vieillesse cruelle,
Tu n'atteindras pas
Mes nombreux appas.
Le temps veut la guerre,
Nous pourrons, j'espère,
Bientôt l'en punir,
Tâchons de l'occir.

TAISTONBEC. Toute la population est sur pied... (*Apercevant Cocodet.*) Que vois-je?... Comment, paresseux, tandis que chacun se dévoue à la cause commune, tu te croises les bras?...
COCODET. Le but qu'on se propose n'est-il pas de perdre le Temps?... Eh bien! je lui prépare un traquenard qui assurera, j'en réponds, notre bonheur, à Muguet, à moi et à d'autres.
LA PRINCESSE, *à part.* Le beau jeune homme!..

COCODET. Car si je réussis, ou plutôt si nous réussissons, Muguet et moi, tout ce que nous demanderons, on nous l'accordera?
LA PRINCESSE. Tout!... oh! oui, tout, tout ce que tu voudras. (*A part.*) Quel mâle et sympathique visage!
COCODET, *montrant son filet.* Le v'là le traquenard...
LA DISCORDE, *passant la tête à travers les branches d'un buisson, et sans être vue.* Que dit-il?
COCODET. Depuis son noir méfait, le Temps n'a plus d'autre promenade que les environs de notre pauvre fontaine, et chaque jour, à midi, on le voit, sur ces bords, rire avec le soleil de notre déconfiture; mais rira bien qui rira le dernier.
LA DISCORDE. En effet.
COCODET. Or, je veux que notre ennemi aille le premier barboter dans cette mare d'encre, et, grâce à ce filet, quand sonnera midi... (*La Discorde disparaît.*)
TAISTONBEC. J'ai cru entendre... mais non, personne... Bonne chance, Cocodet, à toi et à ton ami Muguet.
COCODET, *à part.* Avec ça qu'il l'aime.
LA PRINCESSE. Bonne chance... (*soupirant*) Cocodet.
COCODET. Je vais dresser mes batteries.

ENSEMBLE.

AIR : *Valse des farfadets.*

Ah! quel espoir pour nous,
Combien il serait doux,
De voir finir ainsi,
Notre plus cruel ennemi.

LA PRINCESSE.

En moi, tu peux mettre ta confiance,
Je le promets, je veillerai sur toi ;
Mais il nous faut agir avec prudence.

COCODET.

Pour la prudence on peut compter sur moi.

REPRISE DE L'ENSEMBLE.

Ah! quel espoir pour nous, etc.

(*Taistonbec et Gudule sortent d'un côté, Cocodet sort de l'autre, emportant son filet.*)

SCÈNE V.

LA DISCORDE, MIDI.

LA DISCORDE. Ah! l'on conspire contre le Temps!... (*Appelant.*) Midi!
MIDI. Présent!
LA DISCORDE. Un complot est organisé contre le Temps.
MIDI. Que puis-je faire?
LA DISCORDE. Quand le soleil aura atteint son zénith, fais tout à coup le tour du cadran, et que, Minuit remplaçant Midi, la lune éclipse le soleil. La confusion régnera parmi nos ennemis, et alors nous nous en rendrons facilement maîtres. Est-ce convenu?
MIDI. Parfaitement.
LA DISCORDE. Bien.

SCÈNE VI.

MIDI, LE PRINCE, TAISTONBEC, LA DISCORDE, *méamorphosée en page; suite d'hommes d'armes.*

CHŒUR.

AIR : *final du Postillon.*

Allons, vite en chasse,
Kolibrikiki
Ne fera pas grâce
A son ennemi.
Que chacun s'apprête;
Cherchons-le sans peur,
Quelle belle fête
Pour l'heureux vainqueur.
Allons, vite en chasse, etc.

LE PRINCE. Sapristi! quelle chaleur!... désaltérons-nous ici. (*Après avoir vidé sa gourde.*) Êtes-vous désaltérés, vous autres?... Eh bien! reprenons notre course... Allons, Taistonbec... Ah! j'y suis, tu penses toujours à Paquerette; mais, en ce moment, songer à cette enfant, c'est s'amuser à la moutarde... Où est la princesse?

TAISTONBEC. Seigneur, la voici qui s'avance à la tête de son armée féminine.

SCÈNE VII.

LES MÊMES, LA PRINCESSE GUDULE, *à la tête de ses Femmes,* puis COCODET, puis MUGUET, PAQUERETTE *et* COCODETTE.

LA CAPITAINE DES AMAZONES. Par file à gauche! en avant! marche!... (*Le bataillon de femmes que commande Gudule défile sur une polka militaire.*)

LE PRINCE, *à Taistonbec.* Belle tenue!... (*Évolutions des amazones.*)

LE PRINCE. C'est mieux que la garde nationale de notre île des Canaries.

GUDULE. Mesdames, je suis contente de vous. Vous allez être mises en parallèle avec ce sexe vantard qu'on intitule les hommes; j'espère vous les voir dégoter à tous égards... Allons, mesdames, soyons toujours à l'avant-garde!

LE PRINCE. Nous, Taistonbec, nous garderons les derrières.

LA CAPITAINE. Serrez les rangs! Pas gymnastique! en avant... arche!... (*Sortie. — On entend sonner midi ; la nuit se fait.*)

COCODET, *reparaissant au fond.* Midi... v'là le moment.

TOUS. La nuit! une éclipse!...

LE PRINCE. C'est la fin du monde... fuyons...

TOUS, *criant,* Ah!...

PAQUERETTE, *sortant de la chaumière.* Quels sont ces cris?

COCODETTE, *venant derrière Paquerette.* La nuit! et des étoiles en plein midi! (*Des hommes d'armes portant des torches traversent le théâtre en criant.*)

TAISTONBEC, *à la cantonade.* Du secours!... dans le bassin... le gouverneur... (*Paysans accourant.*)

CHŒUR.

AIR *final du Postillon* (reprise).

Ah! quelle détresse,
Amis, à genoux,
Et pour Son Altesse
Ici, prions tous.

Dieu de la clémence,
Exaucez nos vœux,
Sauvez l'existence
D'un prince malheureux.

COCODET, *se sauvant et à part.* Noyé!... J'ai submergé le gouverneur... C'est lui qui s'est pris dans mon filet... et, patatras!... J'suis fricassé!... (*Il s'esquive.*)

TAISTONBEC, *reparaissant.* Courage! amis, courage! (*En tirant le filet tendu par Cocodet, on ramène le Prince qui éternue. Son visage est noir.*)

TOUS. Sauvé! sauvé! (*Le Prince éternue de nouveau.*)

TAILTONBEC. Ah! quel affreux mauricaud!

TOUS. Noir! il est noir!...

TAISTONBEC. C'est un horrible guet-à-pens; mais je connais le coupable, et ce coupable, c'est...

MUGUET. Qu'y a-t-il?

TAISTONBEC. C'est Muguet.

MUGUET. Moi! infâme calomnie!

PAQUERETTE. Muguet! c'est impossible.

TAISTONBEC. Qu'on s'empare de lui.

CHŒUR.

AIR *de la Juive.*

Emparons-nous de lui,
Et pour notre vengeance
Vite qu'à la potence
On le traîne aujourd'hui,
Quelqu'arrêt que l'on rende,
Nous voulons qu'on le pende,
Il faut vite en finir,
A l'instant même il doit mourir.

PAQUERETTE. Il n'est pas coupable, monseigneur! Grâce!... grâce!...

TOUS. Non! non!...

REPRISE.

Point de grâce pour lui, etc.

(*On entraîne Muguet, Paquerette tombe évanouie, on l'emporte. Changement à vue.*)

QUATRIÈME TABLEAU
L'HUITRE ET LES PLAIDEURS.

Une salle du palais de Chicane ; au fond, une fenêtre ; au milieu, une statue représentant l'Injustice ; à droite, le vestiaire ; à gauche, la buvette.

SCÈNE PREMIÈRE.

LE PRINCE KODIBRIKIKI, LE PAGE MICHEL, DEUXIÈME PAGE, GARDES. *Les Gardes apportent le Prince évanoui.*

CHŒUR.

AIR : *Avançons en silence.*

Tout en cette province,
Tout est en désarroi, oi ;
Déposons notre prince,
Déposons notre roi, oi.

LE PRINCE, *rouvrant les yeux.* Où suis-je?

MICHEL. Prince, nous avons porté au plus près Votre Seigneurie, et vous êtes au palais de l'Injustice, dans la salle des Paroles perdues.

LE PRINCE. Je suis dans le domaine de la chicane, dans cet antre de discorde, où l'on ne peut pénétrer sans se quereller avec tout le monde! Oh! que j'ai froid!... (*Éternuant.*) Je me suis enrhumé!

MICHEL. Ce n'est pas étonnant.

LE PRINCE. Je viens d'être en proie à un bien fichu cauchemar; je ne me voyais pas blanc, je croyais être tombé dans les eaux de cette maudite fontaine où le Temps a jeté l'encre. Heureusement que tout songe est mensonge... Michel, mon miroir.

MICHEL, *à part.* Il faut toujours bien qu'il le sache... (*Haut.*) Voici, prince...

LE PRINCE. J'en frissonne encore : perdre en un instant ce teint de lis et de roses... Ciel! que vois-je? ah! je me sens mollir!

DEUXIÈME PAGE, *le soutenant.* Prince, soutenez votre malheur.

LE PRINCE. Voyons, encore... (*Il se regarde de nouveau et fait la grimace.*) Je n'avais que la peau et les eaux de Jouvence m'en ont ravi la blancheur. Ah! mon pauvre Michel! mais aussi, c'est ma faute :

AIR : *Petit-enfant.*

Voulant punir un affreux tripotage,
Contre le temps je me suis révolté,
Et j'ai risqué, par excès de courage,
Risqué ma po, ma popularité.
De désespoir ma paupière se mouille
Et vers Michel, tournant toujours les yeux
Toujours je vois mon visage que souille...
Ce noir de peau trop o, trop odieux.

Depuis quelque temps le guignon s'attache à moi ; qu'on fasse venir un dégraisseur, il faut qu'il me détache.

MICHEL. C'est inutile, Prince. Le seigneur Midi, cet organe du Temps a positivement déclaré que vous ne reprendriez votre teint d'autrefois que si un autre consentait à perpétuer la race de couleur en devenant noir à votre place.

LE PRINCE. Alors, je suis sauvé :

AIR : *Contentons-nous d'une simple bouteille.*

A tout propos, ici-bas l'homme change
Change et rechange et n'est jamais content ;
Du changement le besoin le démange
Et l'on le voit passer du noir au blanc.
Si, malgré moi, dans un excès contraire,
Je suis tombé, ne puis-je avoir l'espoir,
De voir bientôt, afin de me complaire,
Un courtisan passer du blanc au noir?

Où est Taistonbec?

MICHEL. Le voici précisément, monseigneur.

LE PRINCE. Taistonbec, vite ici!

SCÈNE II.

LES MÊMES, TAISTONBEC.

TAISTONBEC. Prince, si je n'ai pu vous préserver du malheur qui vous assombrit, je vous ai, du moins, vengé : un piège avait été tendu à Votre Seigneurie, j'ai fait arrêter le coupable, et avant une heure les échos de ce palais répéteront sa condamnation.

LE PRINCE. Il sera pendu, mais c'est un détail ; voyons, sans flatterie, Taistonbec, comment me trouves-tu?

TAISTONBEC, *hésitant.* Dame, Prince...

LE PRINCE. J'imagine que ce n'est pas toi, dont l'imprévoyance m'a laissé donner dans ce noir panneau, qui t'aviserais de me trouver laid?

TAISTONBEC. Assurément.
LE PRINCE. Donc, tu reconnais que ma couleur est préférable ?
TAISTONBEC. Elle est, en tout cas, moins salissante.
LE PRINCE. Et puis quand on est le premier noir, voire même le second...
TAISTONBEC. Le roi n'est-il pas toujours le premier à tout.
LE PRINCE. Taistonbec, en récompense de ce mot, je veux faire quelque chose pour toi.
TAISTONBEC. Quoi ! monseigneur, encore quelques nouvelles libéralités ?
LE PRINCE. Dis une marque de distinction plus durable que toutes les faveurs possibles : tu n'es que le second personnage du royaume, tu seras le second nègre du monde.
TAISTONBEC. Plaît-il ?
LE PRINCE. Tu ne peux qu'y gagner.
TAISTONBEC. Mais, Prince...
LE PRINCE. Ne me remercie pas...
TAISTONBEC. C'est que...
LE PRINCE. De plus je veux hâter ton mariage avec Paquerette, afin que tu sois promptement en mesure de perpétuer la race moricaude, à laquelle tu vas appartenir.
TAISTONBEC. Quoi ! Prince, sérieusement, vous voulez...
LE PRINCE. Je veux ton bonheur, et maintenant, dis qu'on amène l'accusé ; avant de le faire pendre, je ne serai pas fâché de lui apprendre à vivre.
TAISTONBEC. L'escorte chargée de le conduire ici n'est point encore arrivée.
LE PRINCE, à Taistonbec. Alors, vas à sa rencontre ; moi, je vais luncher... Ah ! Taistonbec, rappelle-moi donc ton petit nom ?
TAISTONBEC. Prince, on me nomme Constant.
LE PRINCE. Eh bien ! quand tu te seras voué au noir, je t'appellerai Constant teint. *(Tous sortent.)*

REPRISE.
Tout en cette province etc.

SCÈNE III.

COCODET, COCODETTE, puis LE GARÇON DE LA BUVETTE.

COCODET. Cocodette, vous êtes insupportable. Vous ne vous plaisez qu'à me contredire.
COCODETTE. Ah ! tenez, ne m'agacez pas, la colère me creuse, et j'ai l'estomac dans les talons.
COCODET. Si vous avez faim, j'irai vous chercher quelque chose à manger... mais où ?
COCODETTE, *indiquant la buvette.* Tenez, là. *(Cocodet se dirige vers la buvette, aussitôt à l'inscription de : Buvette, succède celle de Water-Closet.)*
LE GARÇON, à Cocodet qui entre. Monsieur, c'est trois sous.
COCODET. Comment, trois sous ! vous ne savez pas ce que je veux.
LE GARÇON. C'est un prix fait comme pour les petits pâtés, c'est toujours trois sous.

COCODET *se reportant à l'enseigne.* Water-closet ! et moi qui cherchais.... *Revenant à Cocodette.* S'il y a le sens commun ! regardez un peu où vous m'envoyez. *(La buvette se rétablit.)*
COCODETTE. Chez un pâtissier-restaurateur. *(Nouveau changement.)*
COCODET. C'est un restaurant ! ça ? *(Trépignant de colère.)* Rrrrra.....

COCODETTE.

AIR : *Voltaire chez Ninon.*
C'est par trop d'obstination,
Ou bien vous êtes en démence.

COCODET.
L'esprit de contradiction
Aveugle votre intelligence.

COCODETTE.
Quel incroyable entêtement !

COCODET.
Faut-il donc, pour vous satisfaire,
Dire que c'est un restaurant,
Tandis que c'est tout le contraire.

COCODETTE. Oh ! tenez parlons d'autre chose ; est-ce qu'on ne va pas bientôt plaider le procès de ce pauvre Muguet ?
COCODET. Il n'est pas si à plaindre, puisque je viens me dénoncer pour le délivrer.
COCODETTE. Et si l'on vous condamne ?
COCODET. On verra ce que c'est que le courage d'un homme qui n'a rien à craindre ; car il faudra bien que la Persévérance nous tire de là, où je l'assigne en dommages-intérêts.
COCODETTE. Pardine, si elle ne tient pas ses engagements, en avant la chicane, faut lui faire un procès ?
COCODET. Va pour un procès, le papier timbré va danser.

SCÈNE IV.

LES MÊMES, L'EXPLOIT, LA FEUILLE DE SEPT SOUS, *suivis d'une foule de feuilles timbrées de différentes tailles qui entrent en dansant la polka.*

CHŒUR DES PAPIERS TIMBRÉS.

AIR : *Vive un bal au Jardin-d'Hiver.*
Pour faire triompher vos droits,
Recourez à la procédure ;
C'est la manière la plus sûre ;
Payez vous verrez nos exploits.

COCODET. Ah ! mon Dieu, qu'est-ce que tout ce monde-là.
L'EXPLOIT, *toujours courant.* Je suis l'Exploit, et je vous présente ma sœur, la Feuille de Sept Sous.
COCODET. Quoi ! madame ne représente que sept sous !..... Elle n'est point cotée ce qu'elle vaut. Au surplus, je ne l'en estime pas moins, malgré sa petite cote.
LA FEUILLE DE SEPT SOUS, *après une révérence.* Cette escorte de timbres se compose d'autant de parents plus ou moins chers, suivant la taille.
COCODET. Ah ça ! pourquoi diable courez-vous tous ainsi ?....
L'EXPLOIT. Parce que dans ce palais le papier timbré doit toujours marcher.... mais vous nous avez appelés, que voulez-vous ?

Suite de l'air précédent.
Pour les plus fréquents procès,
J'ai des phrases habituelles ;

Pour les femmes infidèles
J'ai des formules exprès ;
Pour la discorde, à moi la pomme,
On est par moi vite obéré.
Entre mes mains, bientôt un homme
Est, comme mon papier... timbré.

REPRISE EN CHŒUR.
Pour faire triompher vos droits, etc.

COCODET. Alors, vous allez faire rendre justice à Muguet ?
L'EXPLOIT. Nous allons du moins, grossoyer votre réclamation si vous voulez... *(Il tend la main.)*
COCODET. Ah ! il faut de l'argent ?
LA FEUILLE DE SEPT SOUS. Nous ne marchons que pour des écus.
COCODET. Mais vous nous garantissez...
L'EXPLOIT. Nous ne garantissons rien que de soulever entre vous et vos adversaires le plus de difficultés possibles.
COCODET. Alors je redemande mon argent.
L'EXPLOIT. Votre argent ? il a déjà fait des petits ; voyez : *(Deux enfants paraissent habillés de papiers timbrés.)*
COCODET. Qu'est-ce que c'est que ces avortons de deux sous ?
L'EXPLOIT. Deux petits billets à votre ordre, en retour de votre argent.
COCODET. En voilà pour deux cents francs ! Diable ! arrêtons les frais. *(Tout le monde s'arrête.)*
L'EXPLOIT. Vous nous paralysez quand nous étions en si bon chemin.
LA FEUILLE DE SEPT SOUS. Vous n'eussiez pourtant pas regretté de vous être fiés à nous.
COCODET. Marchez donc, alors.

REPRISE DU CHŒUR.
Pour faire triompher vos droits, etc.

Tout le monde se remet à danser, l'Exploit fait pother Cocodette, Cocodet se laisse entraîner par la Feuille de Sept Sous.)

COCODET. Ah ! je n'en puis plus, assez, assez...... *(La Feuille de Sept Sous abandonne Cocodet et sort avec l'Exploit qui a, de son côté, laissé Cocodette ; tous les Timbres les suivent.)*

SCÈNE V.

COCODET, COCODETTE.

COCODET. Ouf ! et rien pour s'asseoir.... je suis tellement fatigué qu'en ce moment, je m'accommoderais volontiers du banc le plus dûr. *(Un banc de gazon paraît devant l'établissement du water-closet.)*
COCODETTE. J'espère que vous voilà heureux ; un banc de gazon.
COCODET. C'était le moins que cet établissement pût faire pour moi. *(A part.)* Pour mes trois sous, ils auraient même bien pu me donner un autre siège.
COCODETTE. Plaît-il ? *(Le banc se transforme en chaise percée.)*
COCODET, *répondant à Cocodette.* Rien. *(S'apercevant de la transformation.)* Ah ! quelle mauvaise plaisanterie ! j'aime encore mieux un banc, fût-il de pierre. *(La chaise devient banc de pierre.)*
COCODETTE. Pour moi, j'ai de tels tiraillements d'estomac que je préférerais un

banc d'huîtres. (*Le vestiaire se transforme en un rocher garni d'une quantité d'huîtres.*)
COCODET. Le banc d'huîtres demandé....
COCODETTE. C'est miraculeux !....

SCÈNE VI.

LES MÊMES, LA DISCORDE, *sous le nom de* PERRIN DANDIN ; *elle se tient d'abord à l'écart.*

COCODET, *indiquant une huître plus grosse que les autres.* Oh ! la belle !

COCODETTE, *s'en emparant.*
Elle devient ma proie.

COCODET.
Pardon, il est bon de savoir
Qui de nous en aura la joie.
Celui qui le premier, a pu l'apercevoir
En sera le gobeur ; l'autre le verra faire.

COCODETTE.
Si par là, l'on juge l'affaire,
J'ai l'œil bon, Dieu merci !

COCODET.
Je ne l'ai pas mauvais aussi,
Si bien, que je l'ai vue avant vous, sur ma vie.

COCODETTE.
Hé bien ! vous l'avez vue, et moi je l'ai sentie.

COCODET, *apercevant la Discorde.*
Maître Perrin Dandin, est là, nous regardant ;
Qu'il décide entre nous ;

COCODETTE.
Parlez, mon président.

LA DISCORDE, *les regardant tour à tour en souriant et mangeant l'huître.*
Tenez, la cour vous donne à chacun une écaille
[aille.
Sans dépens ; et qu'en paix, chacun chez soi s'en
(*La Discorde sort, laissant Cocodet et Cocodette ébahis.*)

COCODET.
Air :
Moins équitable que friand,
A nos vœux fut-il bien propice ?

COCODETTE.
Dam ! à devenir son client,
Je ne vois pas le bénéfice.

COCODET.
Trouvant autant de pourvoyeurs,
Dans ceux qui lui portent leurs titres,
Une douzaine de plaideurs
Ça lui fait sa douzaine d'huîtres.

COCODETTE. Par bonheur, il y a d'autres huîtres sur ce rocher.
COCODET, *s'asseyant sur le banc.* Oui, mais comme le soleil s'est couché, elles se sont refermées, et dès lors, autant vaudrait qu'il n'y en eût plus. (*Le rocher disparaît, le vestiaire se rétablit.*)
COCODETTE. Vous ne faites que des bêtises, que le diable vous enlève ! (*Le banc sur lequel il est assis enlève Cocodet.*)
COCODET, *disparaissant.* Au secours ! à mon aide, aïe ! aïe ! aïe !
COCODETTE. Cocodet, mon pauvre Cocodet ! ah ! je me trouve mal. (*Elle tombe dans les bras de la maîtresse du vestiaire qui l'emporte.*)

SCÈNE VII.

TAISTONBEC, MUGUET, PAQUERETTE ; GARDES *formant l'escorte de Muguet.*

ENSEMBLE.
AIR *nouveau de M. Émile Pauchet.*
Un semblable entêtement
A la fin m'exaspère ;
Et votre affreux caractère
Causera mon tourment.

MUGUET.
C'est un bien réel malheur
Que se plaire à contredire.

PAQUERETTE.
A tout, trouver à redire,
Oui, c'est nier le bonheur.

TAISTONBEC. Csi, csi.....

REPRISE.
Un semblable entêtement, etc.

TAISTONBEC, *à part.* Je savais bien qu'ils ne résisteraient pas non plus à cette atmosphère de chicane.
MUGUET. Non, je vous le répète, si Cocodet tentait de donner sa vie pour me sauver, je n'accepterais pas un pareil dévouement.
TAISTONBEC, *à part.* A merveille.
PAQUERETTE. Mais s'il est vraiment coupable, vous ne devez cependant pas vous sacrifier à son salut.

MUGUET.
AIR *du système conjugal.*
Ne me parlez plus de ma délivrance,
Si, pour l'acheter, il devait mourir,
Un semblable espoir serait une offense
Et de votre cœur il faut le bannir.

PAQUERETTE.
Si je vous perdais, ô douleur amère !
Qui m'attacherait encore à la terre ?
Vous ne voudriez pas de mon pauvre cœur,
Chasser à jamais, l'espoir, le bonheur.

ENSEMBLE.
L'amour nous sourit, ayons confiance ;
Quand on a vingt ans, on a l'avenir ;
Nous avons fait vœu de persévérance :
Bravant le malheur, marchons sans faiblir.

TAISTONBEC, *à part.* Il est temps d'en finir. (*Haut.*) Que la cour s'assemble.

SCÈNE VIII.

LES MÊMES, LE PRINCE KOLIBRIKIKI, PREMIER ET DEUXIÈME PAGES, ROBINS, *etc.*, LA DISCORDE, *en avocat, puis* LA PERSÉVÉRANCE, *aussi en avocat, puis* COCODET *et* COCODETTE. (*Des sièges sont placés à droite et à gauche.*)

CHŒUR.
AIR : *du Duc d'Ollonne.*
Fervents soutiens de l'arbitraire,
Oui tous nous vous seconderons ;
Sans même examiner l'affaire,
C'est réglé, nous condamnerons

LE PRINCE.
C'est un principe invariable,
En ce palais un accusé,
Surtout quand il n'est pas coupable,
Peut bien dire qu'il est toisé.

REPRISE.
Fervents soutiens, etc.

LE PRINCE. Ce n'est pas pour rien qu'on nomme cette enceinte Palais de l'Injustice. Messieurs, veuillez prendre place. (*Le Prince et sa suite siègent à gauche ; La Discorde et les Robins à droite.*)
PAQUERETTE. Cocodet nous abandonnera-t-il ?... tout espoir serait-il perdu ?...
MUGUET. Du courage.
PAQUERETTE. Qui nous viendra en aide ?
LA PERSÉVÉRANCE, *bas.* Moi, qui me charge de sa cause.
MUGUET ET PAQUERETTE. La Persévérance !
LA PERSÉVÉRANCE. Chut ! (*Elle se perd dans la foule.*)
LE PRINCE. Le prévenu sur la sellette. La parole est à l'accusation, dûment éclairée sur l'affaire.
LA DISCORDE. J'accuse... (*A Muguet.*) Comment vous appelez-vous ?
MUGUET. On me nomme Muguet.
LA DISCORDE. Silence !... J'accuse Muguet d'avoir, à tous les yeux, noirci ce matin notre gouverneur de la plus vilaine façon ; comment vous défendrez-vous de ce fait ?
MUGUET. Un malheureux hasard...
LA DISCORDE. Silence. Le physique de Sa Seigneurie répond mieux que je ne pourrais le faire aux dénégations de l'accusé ; silence donc..

AIR : *de la Foire aux idées.*
Muguet a tramé, c'est certain,
Le noir complot de ce matin,
Il est, si notre prince est teint,
L'auteur du malheur qui l'atteint.
En se postant sur le chemin
De notre auguste souverain.
Sûrement, il avait dessein
De le flanquer dans le bassin ;
Oui, de ce projet inhumain,
Je vous parle, la preuve en main,
C'est un filet, perfide engin,
Trouvé tendu sur le terrain,
Muguet ne s'en est point, en vain,
Remis dans les mains du destin ;
Le gouverneur, comme un crétin,
A donné dans le piège, en plein,
Le trébuchet était malsain :
On entendit crier soudain,
Vite, au secours, à l'assassin !
Notre souverain prend un bain :
Le prince, vous savez la fin,
Quand il est sorti de ce bain,
Était aussi noir que taupin ;
Qui des deux est le plus malin ?
Je mets au défi le plus fin,
Bref, d'innocenter ce coquin
A le vouloir, le plus malin
J'en réponds perdrait son latin.
Encore une fois c'est certain,
Muguet conspirait, ce matin :
Il est, si notre prince est teint,
L'auteur du malheur qui l'atteint.

REPRISE *par tout le monde.*
Oui vraiment le fait est certain, etc.

LA DISCORDE. Il faut donc, sans plus de façon, que Muguet soit pendu ; je le demande au nom de l'Injustice.
LA PERSÉVÉRANCE. Chassée de tous les points de la terre, il ne sera pas dit que l'Injustice ait pu trouver un refuge. (*Elle renverse la statue de l'Injustice.*)

COCODETTE, *accourant.* Ah! que c'est bien fait. (*Cocodet entre derrière Cocodette.*)
LA PERSÉVÉRANCE. Ici, comme ailleurs, il est temps que le bon droit en triomphe, aidé par la Persévérance. (*Elle reprend sa forme primitive.*)
TOUS. La Persévérance!
LA PERSÉVÉRANCE. La Persévérance qui viendra toujours à bout de démasquer la Discorde. (*La Discorde se métamorphose également.*)
LA DISCORDE, *désignant Muguet, Paquerette, Cocodet et Cocodette groupés autour de la Persévérance.* Je poursuivrai tes protégés avec tant d'acharnement que je finirai bien par les désunir.
LA PERSÉVÉRANCE. Allez, enfants, allez, et que l'astre de la nuit vous conduise.
COCODET, *prenant l'attitude d'un cantonnier de chemin de fer.* Par file à droite, en avant, marche!
LE PRINCE. Mais, Taistonbec, ce Muguet te souffle la fiancée.
TAISTONBEC. Je saurai bien lui prouver que souffler n'est pas jouer... à moi, vous autres... Eh bien! impossible de bouger! (*Tous font d'inutiles efforts pour marcher.*)
COCODET. Pardine! quand on est attaché au parquet.

MUGUET, PAQUERETTE, COCODET et COCODETTE.

ENSEMBLE.

AIR : *As-tu vu la lune.*

Suivons la lune,
Suivons ses pas
Suivons, suivons la lune
Elle nous tirera d'embarras
A la brune
La blonde lune,
O blonde lune
Guide nos pas,
Blonde lune,
A la brune.

LES AUTRES.

Suivez la lune
Suivez ses pas.
Nous poursuivrons la lune
Elle vous mettra dans l'embarras
A la brune
La blonde lune,
O blonde lune
Égare leurs pas;
Blonde lune
A la brune.

CINQUIÈME TABLEAU.

AS-TU VU LA LUNE.

Des Marais éclairés par la lune. Un poteau sur lequel on lit : Rendez-vous des Fées.

SCÈNE PREMIÈRE.

MUGUET, PAQUERETTE, COCODET, COCODETTE, *puis* LA DISCORDE.

ENSEMBLE.

AIR : *de l'Enfant prodigue.*

O douleur amère !
Faut-il donc toujours,
Que notre misère.
Reste sans secours?

PAQUERETTE.
Bientôt, ayons confiance,
Nous verrons des jours meilleurs,
L'arc-en-ciel de l'espérance
Nous a montré ses couleurs
Dans le ciel j'espère
Car le ciel toujours
Offre à la misère
Un puissant secours.

REPRISE ENSEMBLE.

Dans le ciel j'espère, etc.

COCODET. La lune fait comme nous, elle traîne la quille !... Allons donc, ma bonne, un peu de nerf. (*On voit venir de la droite une énorme lune dont les jambes agissent; parvenue au milieu du ciel, elle s'arrête jusque-là, elle ne présentait qu'un croissant, mais alors son disque s'arrondit.*)
COCODETTE. Ah! ah! la voilà qui s'arrête, définitivement !
COCODET. Et qui nous montre sa pleine face; voilà ce qui peut s'appeler, honnêtement, un gros visage ! (*Chantant.*) As-tu vu la lune...
COCODETTE. Eh bien ? monsieur Cocodet.
COCODET. Je n'ai pas eu l'intention de lui manquer de respect.
MUGUET. Que de détours nous venons de faire! Du levant que nous regardions tout à l'heure, nous marchons à présent vers le couchant.
COCODET. Si la lune allait au couchant, ça se comprend de reste, la voilà qui se coiffe de nuit. (*La lune met un bonnet de coton.*)
COCODET. Nous allons donc coucher à la belle étoile.
MUGUET. Où vous trouver un abri?
PAQUERETTE. Vous ne pensez jamais qu'à nous, cher Muguet.
LA DISCORDE, *entrant.* J'y pourvoirai.
COCODET. Quelle est cette bonne vieille?
LA DISCORDE. Venez toutes deux dans cette hutte sur le versant de la montagne ; c'est ma demeure, je n'ai à vous y offrir qu'un lit de fougère...
COCODET, *à part.* Comme aux sardines.
LA DISCORDE. Mais qui a couché sur la dure sait mieux apprécier le bonheur.
COCODETTE. Nous apprécions joliment votre petite boîte.

PAQUERETTE.

AIR : *de la Vieille* (*Fanchonnette.*)

Comment vous montrer
Ma reconnaissance?
Que la Providence
Daigne m'inspirer,
De grâce, parlez,
Afin de vous plaire,
Que pourrais-je faire?
Dites, ordonnez.

LA DISCORDE.

Si pour adoucir
Un peu la souffrance
De votre existence,
Je puis vous servir.
Pour moi quel plaisir,
Si votre misère
Devient moins amère
Par mon souvenir.

ENSEMBLE.

Devenons heureux;
Par reconnaissance ;

Que la Providence
Exauce nos vœux
Vous verrez, un jour,
Par notre assistance
Et notre constance
Triompher l'Amour.

LA DISCORDE. Allons, venez. (*A part.*) Je les tiens. (*La Discorde sort par la droite suivie de Paquerette et de Cocodette.*)
COCODET. Eh bien! et nous?
MUGUET. Nous! nous allons nous établir ici.
LA PERSÉVÉRANCE, *entrant par la gauche, vêtue exactement comme la Discorde et à part.* La Discorde ! mais je veille.
COCODET. Comme c'est douillet!... (*Il se heurte contre le poteau, je me cogne ; c'est qu'aussi on n'y voit goutte.*
LA PERSÉVÉRANCE. Prends ces lunettes; elles pourront t'être utiles.
COCODET. Elle me tutoie! Tiens, je vous croyais de l'autre côté.
LA PERSÉVÉRANCE. Prends donc. (*Elle lui donne des lunettes.*)
COCODET. Merci, bonne maman. (*La Persévérance sort.*)

SCÈNE II.

MUGUET, COCODET.

MUGUET. Bonne nuit, Cocodet.
COCODET. A quoi me suis-je donc heurté tout à l'heure?... (*La lune avance une lanterne.*) La lune a allumé sa lanterne ! c'est magique! ah! un poteau! (*La lune, qui a abandonné sa lanterne se pose sur le nez une paire de lunettes.*) Tiens la lune qui met ses besicles! j'en ai aussi, moi, celles de la vieille. (*Il met les lunettes que lui a données la Persévérance ; aussitôt le poteau vers lequel il se tourne devient lumineux et l'on y lit :* DÉFIE-TOI DES SIRÈNES.) C'est merveilleux !... Mais que lis-je? défie toi des Sirènes... (*Il ôte ses lunettes, le poteau redevient obscur.*) Muguet, Muguet...
MUGUET *se réveillant en sursaut.* Que veux-tu? qu'y a-t-il?
COCODET. Muguet, mon ami, défions-nous des Sirènes... Je ne sais pas ce que c'est.
MUGUET. C'est pour me dire cela que tu m'as réveillé... poltron !
COCODET. Poltron tant que tu voudras, mais... (*Apercevant la Lune qui déploie et lit un journal.*) Ah! la Lune qui a une Patrie ! Lisez la Patrie, demandez l'édition du soir. (*Interpellant la Lune.*) Qu'est-ce qu'il y a de nouveau, hein ! là-haut?

AIR :

Quel est le filou idéal
Qu'en ce moment on préconise ?
Passez-moi donc votre journal,
Afin qu'à mon tour je le lise.
La lune, à mon nez, rit, ma foi ;
Aurais-je dit quelqu' ânerie ?
Oui, car jamais la lune et moi
Nous n'aurons la même patrie.

MUGUET. Tu as décidément juré de ne pas me laisser dormir?
COCODET, *voyant la Lune qui fume.* Est-il possible!... Madame la Lune culottant une marseillaise!

MUGUET. C'est une assez bonne idée; veux-tu l'imiter? cela te distraira : il n'y a pas contre l'ennui de meilleur antidote que le tabac.
COCODET. Le fait est que c'est gentil, la fumée !

MUGUET.

Air : *Ah! qu'il est doux de ne rien faire.*

Tout prend une riante image
Dans cette enivrante vapeur,
Rayon du ciel dans un nuage
Qui vous apporte le bonheur.
   Le bonheur (*bis*).
Quand ces spirales azurées
Mènent l'esprit capricieux
Dans les régions éthérées,
O prestige mystérieux,
Tout ce qu'une âme ardente envie
S'en exhale en trompeur espoir,
Dans le plus séduisant miroir
On voit s'y refléter la vie.

REPRISE ENSEMBLE.

Tout prend une riante image, etc.

COCODET. Il me semble que j'ai mal au cœur. J'ai eu tort de fumer... Quel fichu conseil nous a donné cette imbécile de Lune. (*La Lune disparait.*) Eh bien ! elle nous plante là. Qui nous indiquera notre chemin, à présent ?
MUGUET. Dans cette obscurité, comment retrouver Paquerette et Coquerette ?

REPRISE ENSEMBLE.

Dans le ciel j'espère,
Car le ciel toujours
Offre à la misère
Un puissant secours.

(*Ils sortent ; on entend au loin la voix de Paquerette et de Cocodette qui chantent :*)
Dans le ciel j'espère etc.,

SCÈNE III.

LA DISCORDE, *en paysan*, LE PRINCE, TAISTONBEC, LA PRINCESSE, SUITE D'HOMMES D'ARMES, *puis* LA PERSÉVÉRANCE.

ENSEMBLE.

Air *de la Faridondaine.*

Conservons notre ardeur,
Il faut avoir du cœur
Pour combattre sans peur
Ces enfants du bonheur.

LE PRINCE.

Ils ont l'avance,
Avec constance
Suivons la trace de leurs pas,
Et leur audace,
Inefficace,
Ne trouvera que le trépas.

REPRISE.

Conservons notre ardeur, etc.

LE PRINCE, *à la Discorde.* Tu dis donc, petit, que les deux femmes dont nous t'avons donné le signalement...
LA DISCORDE. Sont cachées dans une petite hutte où je vous conduis, et où vous allez les trouver, derrière la-montagne.
TAISTONBEC. O Paquerette !...
LE PRINCE. Taistonbec... Taistonbec...
TAISTONBEC. Je le tais.

LA PRINCESSE. Et les deux jeunes garçons qui accompagnaient ces péronnelles ?
LA DISCORDE. Ils se sont, comme deux niais, laissés égarer par la Lune, que le Temps avait su gagner à sa cause.
LA PRINCESSE. O Cocodet !
LE PRINCE, *à la Discorde.* Comment sais-tu cela, toi ?
LA DISCORDE. Nous autres, pâtres, nous avons l'habitude de lire dans les astres.
LE PRINCE. De quel côté devons-nous nous diriger ? (*La Persévérance entre sans être vue; elle est encore en vieille.*)
LA DISCORDE. Par ici.
LE PRINCE. Si tu fais tomber en notre pouvoir la prétendue de notre fidèle Taistonbec, je te promets cinq onces d'or.
LA PERSÉVÉRANCE, *à part.* Qu'entends-je ?
TAISTONBEC. Cinq onces d'or !... (*Il s'incline.*)
LE PRINCE. Que Taistonbec te donnera.
LA DISCORDE. Suivez-moi donc..... (*La Persévérance élève son bâton, la Discorde disparait.*)
TAISTONBEC. Par où est-il passé ?
LE PRINCE. Où diable est-il ?
LA PERSÉVÉRANCE, *dont le costume s'est subitement changé, et qui est exactement vêtue comme l'était la Discorde.* Par ici, vous dis-je...
LE PRINCE. Comment, vous voilà par là à présent ; vous disiez tout à l'heure que nous devions prendre le chemin de la montagne.
LA PERSÉVÉRANCE. C'est par ces rochers qu'il nous faut passer.
TAISTONBEC. Je n'y comprends plus rien.
LE PRINCE. Ni moi... Enfin...

REPRISE DE L'ENSEMBLE.

Conservons notre ardeur, etc.

(*Ils sortent, Changement à vue.*)

SIXIÈME TABLEAU.
LA ROUTE SANS FIN.

Le Théâtre représente un étroit passage entre des rochers; on lit sur l'un deux: *Route sans fin.*

SCÈNE PREMIÈRE.

LA PERSÉVÉRANCE, *sous les traits d'un paysan*, LE PRINCE KOLIBRIKIKI, LA PRINCESSE GUDULE, TAISTONBEC, SUITE, *puis* LA DISCORDE, *en mendiante.*

CHOEUR.

Air *de Satan.*

Il faut, avec philosophie,
Du destin attendre l'arrêt;
D'un si long trajet
Quel est l'objet ?
Je le dis, avec regret ;
De ces chemins je me défie,
Ou sa mémoire est en défaut,
Ou bien, comme un sot,
Le Prince est dupe d'un complot.

LE PRINCE. Il faut pourtant que toutes ces marches et contre-marches aient un terme; que vois-je ? Route sans fin ! Mais alors, il n'y a pas de raison pour en sortir ?
LA PERSÉVÉRANCE, *à part.* Je l'espère bien !

LE PRINCE. C'est ainsi que tu nous mènes ! en voilà une jolie conduite ! plutôt que de suivre ses fausses indications, nous aurions bien mieux fait de nous en rapporter à mon *Guide des voyageurs* qui, du moins, n'indique rien.
TAISTONBEC. Ce qui met à l'abri de toute erreur.
LE PRINCE, *tirant un petit livre de sa poche.* J'ouvre au hasard. (*Lisant*) « Le droit chemin conduit au but honnête. » On cherche but honnête, et l'on trouve. « Pour arriver au but honnête, prenez le droit chemin. » C'est pour tout comme ça, et c'est la trente-deuxième édition, revue et corrigée !

TAISTONBEC.

Air : Mr Favart.

Le grand succès de ce petit ouvrage
Est attesté par sa publicité,
Mais-gardez vous d'en jamais faire usage,
Pour croire encore à son utilité.
A le comprendre, en vain on se démanche,
Il est semblable à l'almanach qui dit;
Le samedi vous conduit au dimanche;
Et le dimanche aboutit au lundi.

LE PRINCE. Ce qui n'empêche pas les almanachs de se succéder comme se succèdent les étapes de cette route sans fin.
TAISTONBEC. Qui nous tirera de ce mauvais pas ?
LA DISCORDE, *qui a repris les traits d'une vieille mendiante.* Moi !

SCÈNE DEUXIÈME.

LES MÊMES, LA DISCORDE.

LA PRINCESSE. Vous, la vieille ? (*Le Prince manifeste quelque défiance.*)
LA DISCORDE. A moins que vous ne préfériez persévérer dans la fausse voie où vous a engagé votre guide, et que vous ne persistiez à suivre la route sans fin.

Air *de la Lisette de Béranger.*

Croyez en mon expérience
Vous suivez un mauvais chemin;
Souvent, on voit, avec persévérance,
Vers un faux but marcher le plus malin.
LA PERSÉVÉRANCE, *à part.*
Quoi ? la discorde a découvert ma ruse!
LE PRINCE à LA PERSÉVÉRANCE.
Tu voulais donc, drôle, nous attraper ?
LA DISCORDE.
Que voulez-vous, l'humanité s'abuse ;
Et votre guide a bien pu se tromper ;
Oui, votre guide a bien pu se tromper.
LA PERSÉVÉRANCE, *a part.*
C'est un nouveau combat
Entre nous qui s'engage,
Mais l'Amour me présage,
Un heureux résultat.
LA DISCORDE.
Je veux que ce voyage,
Vous couvre tous d'éclat;
Envers vous qu'il combat
L'Amour se montre ingrat.
Mais à bon chat,
Bon rat,
Tel est le vieil adage.
LA PERSÉVÉRANCE. Je ne souffrirai pas...
LE PRINCE. Toi, tu n'as ni la parole, ni

ma confiance. (A *la Discorde*.) Jabotez, vous.

LA DISCORDE. Les quatre voyageurs que nous poursuivez sont parvenus à se rejoindre... Comment?... je l'ignore.

LA PERSÉVÉRANCE, *à part*. Je le sais, moi... (*Elle se désigne*.)

LA DISCORDE. Mais le Temps, qui a juré la perte de ces présomptueux aventuriers, a détruit tous les chemins qu'ils pouvaient traverser sans danger, si bien que s'ils persistent à marcher en avant, il ne leur reste d'autre passage que la forêt des Miracles !

LE PRINCE. La forêt des Miracles ! je la connais; quand on m'y prendra... Pour s'en être un peu trop approché, j'ai eu, il y a quelques jours, un troupeau de bœufs emporté par des fourmis.

TAISTONBEC. C'est le rendez-vous de toutes les bêtes les plus extraordinaires.

LA DISCORDE. Il faut que vous y soyez.

LE PRINCE. Merci bien. Je ne me soucie pas d'être entraîné dans quelque fournaise par les démons qui l'habitent.

TAISTONBEC. Ou de piquer une tête dans l'un de ces étangs voyageurs où vous attirent les sirènes, et qui vous enveloppent tout d'un coup.

LA DISCORDE. Pour être à l'abri de tout danger, vous n'aurez, en entrant dans la forêt des Miracles, qu'à répéter trois fois ces paroles cabalistiques : trottin-trottant ! clopin-clopant !

TOUS. Trottin-trottant ! clopin-clopant !

LA PERSÉVÉRANCE, *à part*. S'ils n'y perdent point la mémoire.

LE PRINCE. Alors nous pouvons nous risquer.

LA DISCORDE. Gagnez, par ce ravin, la forêt des Miracles et vous serez bien près d'atteindre Muguet et Paquerette, Cocodet et Cocodette.

LA PRINCESSE, *à part*. O Cocodet, idole de mon âme, je pourrais donc te revoir !

LE PRINCE, *à Taistonbec*. Je verrais donc s'accomplir ton mariage, et tu pourrais enfin commencer, ainsi que nous en sommes convenus, à te foncer le teint ; je tiens beaucoup à te voir en foncé (*à part*), et surtout à me défoncer.

TAISTONBEC. Sérieusement, prince, vous exigez toujours ?...

LE PRINCE. Que tu fasses le deuil de ta peau ? sans contredit ; je veux même te voir devenir nègre, sans marronner. (*Taistonbec s'incline*.)

LA DISCORDE, *au Prince*. Êtes-vous décidé ?

LE PRINCE. Voici ma réponse : A la forêt des Miracles !

TOUS. A la forêt des Miracles !

LA PERSÉVÉRANCE, *à part*. J'irai aussi.

LE PRINCE.

AIR : *de Jaguarita* (*O nuit tutélaire*).

Courage et vaillance.
Bravoure et valeur !
Point de crainte ou de peur,
Le bonheur, c'est de la chance,
La chance c'est du bonheur,
Le guignon c'est du malheur.

REPRISE EN CHOEUR.
Courage et vaillance, etc.

(*Le Prince, la Princesse, Taistonbec, et leur suite sortent sur l'Air de : marche de Jaguarita*.)

SCÈNE III.

LA DISCORDE, LA PERSÉVÉRANCE.

LA DISCORDE. Tu ne passeras pas... Si j'ai dévoilé devant toi mes projets, c'est que je suis bien résolue à ne plus te trouver sur ma route ; renonce donc à étendre ta protection sur ceux que je poursuis, ou bien...

LA PERSÉVÉRANCE. Tu me fais pitié !

ENSEMBLE.

AIR *du Royal tambour*.

En vérité,
C'est montrer par trop d'insolence ;
Si dans la vengeance
On trouve quelque volupté ;
A te punir,
Je mettrai tant de persistance,
Que de la vengeance
Avant peu j'aurai le plaisir.

LA PERSÉVÉRANCE.

C'est à mon divin maître
Qu'est soumis ce séjour.

LA DISCORDE.

C'est le dieu le plus traître,
On le nomme l'Amour.

REPRISE.

En vérité, etc.

LA DISCORDE. Il faut en finir. (*La Discorde lève son bâton sur la Persévérance, qui se préserve à l'aide du sien. Chacun des chocs de leurs bâtons détermine un jet de flamme ; la Discorde recule devant la Persévérance.* — *Changement à vue.*)

SEPTIÈME TABLEAU.

LES SIRÈNES.

La lisière de la forêt des Miracles qui se termine dans des marais. A gauche une hutte, au 3ᵉ plan de droite, un rocher que surmonte un tronc d'arbre.

SCÈNE PREMIÈRE.

MUGUET, COCODET, PARTHÉNOPE, SIRÈNES, *Muguet est endormi près de la hutte, Cocodet est couché à droite.*

CHOEUR DES SIRÈNES.

AIR : *Fragment d'ouverture de l'Ambassadrice*.

Un pouvoir enchanteur,
Captive le cœur,
Qu'avec elle entraîne
La sirène ;
Si des eaux cette reine,
Quitta le domaine
Ce ne fut que pour
l'Amour.

PARTHÉNOPE. Il faut que Muguet et Cocodet succombent sous le charme de nos séductions, et nous suivent au fond des eaux ; c'est la condition mise par l'Enfer à notre salut. S'ils résistaient à nos enchantements, nous serions perdues...

TOUTES. Nous ne l'oublierons pas.

REPRISE.

Un pouvoir enchanteur, etc.

MUGUET. Quelle puissance fascine mes esprits ?

COCODET. Qui est-ce qui me chatouille ?

MUGUET. Laissez-moi, enchanteresses maudites, laissez-moi.

COCODET. O créatures délicieuses, fichez-moi la paix !

PARTHÉNOPE. Il faut nous suivre.

MUGUET. Jamais !...

PARTHÉNOPE. Ils nous résistent !... (*On entend l'air des Filles de l'Enfer*.)

DEUXIÈME SIRÈNE. Et l'enfer nous rappelle !...

TROISIÈME SIRÈNE. Ses démons viennent nous saisir.

SCÈNE II.

LES MÊMES, DÉMONS *et* DIABLOTINS. *Les Démons cherchent à entraîner les Sirènes, qui luttent vainement pour leur échapper.*

COCODET. Nom de nom, la vilaine société !... Muguet, à toi... à toi...

MUGUET. Arrière, démons infernaux, arrière !... (*Il tire deux coups de pistolet à l'un des démons qui, en secouant ses ailes, en fait tomber les balles.*)

COCODET. Va-t'en au trot, Satanas. (*Il prend un bâton et en frappe l'un des Démons ; le bâton se casse ; rires des Démons. Les Sirènes s'enfuient, Muguet et Cocodet se réfugient dans la hutte ; les démons cachent de différents côtés.*)

SCÈNE III.

LES DÉMONS, *cachés*, *puis* LE PRINCE, TAISTONBEC, *et* LA PRINCESSE.

LE PRINCE. Taistonbec, quelles sont donc les paroles que nous avons à prononcer ?... Ah ! que je suis fatigué.

TAISTONBEC. Prince, il s'agit de trotter, mais je ne me rappelle plus bien...

LE PRINCE. J'y suis ; à dada sur mon bidet quand il trotte il fait... non ce n'est pas ça ; je ne me souviens plus.

TAISTONBEC. Comment repincer celle que j'aime ? (*Apercevant un des Démons*.) Ah ! la laide figure. (*Les Démons les entourent et les entraînent*.)

LA PRINCESSE. Au secours !...

LE PRINCE. A moi !... c'était un piége...

TAISTONBEC. Aïe !... aïe !... aïe !...

LA PRINCESSE, *qu'emporte un démon*. Ah ! je suis endiablée !... (*Les Démons les entraînent*.)

SCÈNE IV.

MUGUET, COCODET, *puis* PAQUERETTE *et* COCODETTE.

COCODET, *passant la tête*. Je n'entends plus rien... ils ont filé !... (*Chantant*.) La victoire est à nous... (*On entend gronder le tonnerre*.) C'est égal, voilà un gredin de temps !...

MUGUET, *faisant sortir de la hutte Pâquerette et Cocodette*. Venez, venez...

COCODET. Ah ! qu'est-ce que c'est que

ça?... (*Une nappe d'eau s'avance du fond.*)
MUGUET. Une inondation!... nous sommes perdus...
PAQUERETTE. L'inondation!
COCODETTE. Où fuir?
MUGUET. Tâchons de gagner ce rocher...
PAQUERETTE. Et recommandons-nous à Dieu. (*L'eau gagne toutes les parties de la scène.*)

ENSEMBLE.

AIR: *du Miséréré* (*Trovatore.*)

En ce péril extrême
O divin créateur,
Que ta bonté suprême,
Nous protège Seigneur,
Seigneur, Seigneur,
Que ta bonté suprême
Nous protège Seigneur.

(*Une partie du rocher sur lequel ils se trouvent s'engloutit, ils jettent un cri de détresse. Tableau.*)

HUITIÈME TABLEAU.

L'INONDATION.

L'eau qui continue à monter couvre presque entièrement le rocher sur lequel se sont réfugiés Muguet, Paquerette, Cocodet et Cocodette.

SCÈNE PREMIÈRE.

MUGUET, PAQUERETTE, COCODET, COCODETTE, LA DISCORDE, LA PERSÉVÉRANCE, PARTHÉNOPE *et* LES SYRÈNES.

LA DISCORDE, *dans son costume primitif, portée par un dauphin, qui s'élève du côté gauche au-dessus de l'eau.* Dieu des eaux, je t'ai confié ma vengeance!... Cette fois, vous êtes bien perdus.
LA PERSÉVÉRANCE, *aussi dans son premier costume paraissant sur le rocher.* Pas encore... Que cet arbre, creusé par le temps, devienne pour vous une arche de salut. (*L'arbre s'abat, forme une nacelle dans laquelle entrent Muguet, Paquerette, Cocodet et Cocodette.*)
COCODET. A la barque!... à la barque!... c'est la première fois que le temps aura fait quelque chose pour nous. (*La nacelle gagne le milieu du théâtre.*)
LA DISCORDE. Je suis encore vaincue!
COCODET. Ça vous défrise!
LA PERSÉVÉRANCE. Muguet et Cocodet, aux Antipodes!... Paquerette et Cocodette, à Leucade! (*La nacelle que montent ces quatre personnages présente, en se dédoublant, deux petites barques, dont l'une emporte Muguet et Cocodet vers la gauche, et l'autre Paquerette et Cocodette vers la droite.*)
COCODET, *avec un soupir.* Séparés!... Ah! sapristi! vous emportez mon chapeau! (*Muguet et Paquerette, Cocodet et Cocodette échangent des signes d'adieu. Les syrènes, que laisse voir la transparence des eaux, étendent les bras vers eux comme pour les retenir.*)
PARTHÉNOPE. Ils nous échappent!

LA BOUTEILLE A L'ENCRE.

NEUVIEME TABLEAU.

LES GROTTES SOUS-MARINES.

L'eau continue de monter, on aperçoit les Sirènes nageant au milieu des coraux; des coquillages et des plantes marines.

FIN DU PREMIER ACTE.

ACTE DEUXIÈME

DIXIEME TABLEAU

LE PAYS DES DROGUES.

Le théâtre représente le Palais du quartier des Lombards; de grands bocaux portent pour étiquettes : Magnésie, pierre infernale, gingembre, menthe, camomille, camphre, chloroforme, rhubarbe, bourrache, etc.; sur une armoire on lit: Poisons.

SCÈNE PREMIÈRE.

QUARTIER DES LOMBARDS, LANCELOT, CLYSO, DEUX PORTE-SERINGUES *en faction.*

ENSEMBLE.

AIR *de Lucrèce Borgia.*

Si chacun se plaint en ce royaume,
C'est que nul n'y fait plus son devoir,
En tout, je vois un fâcheux symptôme,
qui menace, hélas! notre pouvoir.

LE QUARTIER DES LOMBARDS.

A nos maux, il n'est plus de baume;
Ici, c'est à qui se plaindra,
C'est par-ci, c'est par-là.
Patati, patata.

REPRISE.

Si chacun se plaint en ce royaume, etc.

LE QUARTIER DES LOMBARDS. Mes enfants, je ne sais à qui m'en prendre, mais nous nous déconsidérons beaucoup. Autrefois, mes filles, mes bien-aimées drogues étaient universellement recherchées; et aujourd'hui, on délaisse jusqu'à celles qui ont fait le plus de bruit. La magnésie ne trouve plus de débouché, la rhubarbe sèche sur pied, et la manne est en larmes; bref, c'est tout au plus si je pourrais encore trouver un mari à la menthe.
LANCELOT. A présent, tout le monde se porte bien dans le pays des Drogues.
LE QUARTIER DES LOMBARDS. A quoi cela tient-il? sinon à ce qu'on se relâche dans son service.
LANCELOT. Ce n'est toujours pas moi, qu'à nul on ne compare pour le dévouement Votre Seigneurie le Quartier des Lombards!
CLYSO. Connu, mon vieux Lancelot, tu veux qu'on s'intéresse à toi, et tu vises au cœur, mais tes prétentions sont trop élevées.
LANCELOT. Quel affreux garnement que ce Clyso!

LE QUARTIER DES LOMBARDS. Vous serez donc toujours en querelle?
CLYSO. Il a fait son temps ; qu'il n'arrête pas le progrès; moi, je n'y vais pas par quatre chemins.

AIR *du Financier et du Savetier* (Offenbach.)

Ici, je mets cartes sur table,
J'ai du cœur et prétends flanquer sur le carreau.
Cet instrument impénétrable,
Valet flattant le roi pour dégommer Clyso ;
Tâche d'atteindre aussi haut,
Lance, lance, lance, lance, lance, lance, lance;
Tâche d'atteindre aussi haut, [lance,
Lance, lance, lance, lance, Lancelot.

REPRISE ENSEMBLE *des quatres derniers vers.*

LE QUARTIER DES LOMBARDS.

Tu le sais, Clyso, moi, je t'aime,
Mais je ne veux aucune insinuation
Portant atteinte au vieux système,
Que je mets au-dessus de toute invention.
Chacun prétend que Clyso
Pompe, pompe, pompe, pompe, pompe, pompe,
Chacun prétend que Clyso [pompe,
Pompe, pompe, pompe, pompe beaucoup trop.

LANCELOT.

A m'attaquer il se hasarde,
Mais qu'a-t-il donc trouvé postérieurement?
Avec sa mine goguenarde,
Il se vante et souvent il n'en sort que du vent.
Tu n'es pas un serviteur
bate, bate, bate, bate, bate, bate, bate, bate,
Tu n'est pas un serviteur
bate, bate, bate, bate, batailleur.

LE QUARTIER DES LOMBARDS. Assez... je vous interdis ces injures à jet continu, sous peine de fuir mes États. Vous ne cessez d'apporter le trouble dans mon intérieur ; il faut en finir avec cette guerre intestine. Dans un intérêt commun, la bonne harmonie ne vous a-t-elle pas été conseillée par l'anis, mon juge de paix?
CLYSO. Nous avons, en effet, paru devant l'anis, mais avec l'anis il n'y a pas moyen de s'entendre.
LE SUZERAIN. Prenez garde qu'il ne fasse comme tout le monde, et ne finisse par vous tourner le dos.
LANCELOT. Mon éloge est dans toutes les bouches.
LE QUARTIER DES LOMBARDS. Parbleu ! ce n'est pas à vous qu'on montrera jamais les dents ; mais nous déplaçons la question. Je ne veux plus entre vous de rivalité, et prétends qu'à l'avenir on vous cite comme les plus parfaits modèles de conduite... Maintenant, recherchons un peu quelles peuvent être les causes de ma décadence.
LANCELOT. Dimanche dernier, dans son feuilleton du lundi, la bile vous a éreinté.
LE QUARTIER DES LOMBARDS. On ne peut pourtant pas s'abonner à tous les organes de la presse. Je reçois déjà la Gale, la Gangrène et le Bobo, journal des enfants.
LANCELOT. D'un autre côté, on assure que la Santé, jadis chassée de cette île par votre dévoué conseiller, le mal de la peur, y serait revenu sous les auspices de Cœur au Ventre, et susciterait des mécontents.
LE QUARTIER DES LOMBARDS. La Santé indisposerait mon peuple contre moi... Ah! c'est une ennemie robuste et dont je ne me

débarrasserai pas aisément. Si, cependant, je parvenais à lui faire absorber quelque bonne drogue ?
CLYSO. Oui, mais pour la faire boire, il faudrait altérer la Santé.
LANCELOT. C'est juste.
LE QUARTIER DES LOMBARDS. Qui vous parle de la faire boire ?... Et ce sont eux, des diplomates, que les expédients embarrassent !... Décidément, vous vous rouillez !
LANCELOT, *indiquant ses attributs*. Je crois comprendre.
CLYSO. J'y suis.
LE QUARTIER DES LOMBARDS. Chut !
LANCELOT *et* CLYSO. Chut ! (*On entend un grand tumulte.*)
LE QUARTIER DES LOMBARDS. Quel est ce bruit ?

ENSEMBLE.

AIR: *des Compliments de Normandie.*

Mais quel est donc ce scandale,
Et qui se dispute ainsi ?
Il faut qu'ici,
Ce débat soit éclairci.
Faut-il à cette cabale
Que nous prenions quelque part ?
Par quel hasard
Mon peuple est-il si braillard ?

CLYSO.

Mal de la peur et cœur au ventre,
Sont les auteurs de tout ce bruit.

LE QUARTIER DES LOMBARDS.

Mal de la peur ! vite qu'il entre
Près de nous qu'il soit introduit.

CŒUR AU VENTRE *à la cantonade*
Je veux entrer aussi.

LANCELOT.
C'est Cœur au ventre qui réclame.

LE QUARTIER DES LOMBARDS.
Qu'il entre aussi, l'infâme,
Car nous sommes à sa merci.

ENSEMBLE.

Mais pourquoi tant de scandale,
Pourquoi braillent-ils ainsi ?
Il faut qu'ici, ce débat soit éclairci.
Contre nous on fait cabale,
Nous devons y prendre part ;
Par quel hasard
Devient-on aussi criard ?....

SCÈNE II.

LES MÊMES, MAL DE LA PEUR, CŒUR AU VENTRE ET COCODET, *avec un ventre énorme.*

COCODET. Voulez-vous me lâcher ? Ils sont tous les deux à me tirailler ; c'est insupportable.
LE QUARTIER DES LOMBARDS. Quel est cet étranger ?
MAL DE LA PEUR. Un nouveau venu dans notre île (*désignant Cœur au ventre*) Que ce suppôt de la santé veut empêcher de se mettre au régime du pays.
CŒUR AU VENTRE. Au régime des drogues ? assurément.
COCODET. Je comprends assez ça.
MAL DE LA PEUR. Vous l'entendez, ô sublime Quartier des Lombards !

COCODET. J'aurais l'honneur d'approcher le Quartier des Lombards ? Oh ! mais j'ai beaucoup entendu parler de vous, ainsi que du Singe-Vert.
LE QUARTIER DES LOMBARDS. Je suis flatté...
COCODET. Du Mortier d'or, de la Barbe d'Or, etc.
MAL DE LA PEUR. Ce qui ne vous a pas empêchés, toi et ton camarade Muguet, de préférer à nos officines le cabaret de Cœur au Ventre.
CŒUR AU VENTRE. Il me fallait bien leur donner du courage pour te résister, à toi, ô Mal de la Peur !

PREMIER COUPLET.

AIR *nouveau de M. Ch. Gourlier.*

En vérité,
Pour la santé
Rien ne vaut mieux ;
Qu'un bon coup de vin vieux
Rien ne vaut mieux
Que le vin vieux.
Pour la santé,
Voilà la vérité.
Combien de fois, sur le chagrin,
Le vin remporta la victoire !
Aussi mon verre est toujours plein.
Et je ne cesse pas de boire.
Pour qui me délaisse,
Éternel regret !
Adieu le secret
De la douce ivresse. } *bis.*

REPRISE ENSEMBLE.

En vérité, etc.

CŒUR AU VENTRE.

DEUXIÈME COUPLET.

Je suis bien un peu fou, parfois,
Mais la folie a de doux rêves,
J'inventai le gâteau des rois,
Pour que l'on arrosât les fèves.
Et lorsque j'arrose
Le roi du gâteau,
Il voit tout en beau,
Dans mon prisme rose.

REPRISE ENSEMBLE.

En vérité, etc.

MAL DE LA PEUR. C'est avec de semblables doctrines que de l'état maladif le plus florissant, nous en sommes arrivés à voir ici tout le monde cesser de se droguer, et par conséquent se bien porter. Mais patience...
LE QUARTIER DES LOMBARDS, *se frottant les mains.* Oui, oui, patience. Le cabaret rend tapageur, et pour tes hôtes je serai inexorable : à la moindre incartade, je les envoie à la maison de correction homœopathique.
COCODET. Saperlotte ! si ils en reviennent, ils auront de la chance.
MAL DE LA PEUR. Voilà à quoi l'on s'expose en se mettant mal avec le Quartier des Lombards.
COCODET. Permettez, permettez. Lorsqu'après une navigation des plus pénibles, nous avons abordé cette île, Muguet et moi, nous avions besoin de nous refaire : il ne faut donc pas vous étonner que nous ayons préféré à vos racines et à vos breuvages, un peu fugitifs, un repas plus substantiel, mais ce n'est pas à dire pour cela que je mécanise votre bienfaisante société. (*Lancelot et Clyso s'inclinent.*)

LANCELOT, *à part.* Il nous reviendra.
CŒUR AU VENTRE, *indiquant Clyso et Lancelot.* Délaisserais-tu mon cabaret pour de tels porteurs d'eau ?
COCODET. Te délaisser ! toi, qui nous as donné un si plantureux déjeuner !
MAL DE LA PEUR. Trop plantureux au point de vue de l'épigastre.
COCODET. Trop plantureux peut-être, car je ne vous cèlerai pas que je crains une indigestion.
MAL DE LA PEUR, *avec empressement.* Vous craignez une indigestion ! vous n'avez ici pour vous en préserver que l'embarras du choix : la camomille, la fleur d'oranger, la menthe...
COCODET. Vous croyez que ?
CŒUR DU VENTRE. Mal de la Peur en viendrait à ses fins si je le laissais faire.
COCODET. Eh bien ! soit, je prendrai un peu de fleur d'oranger.
CŒUR AU VENTRE. Tu vas prendre de l'exercice, comme ton camarade Muguet, qui se promène par la ville avec la Santé.
COCODET. Oh ! la fleur d'oranger, c'est bien innocent.
CŒUR AU VENTRE, Je ne te laisserai pas faiblir ainsi...
MAL DE LA PEUR. Cocodet ne te demande pas ton opinion ; va-t-en. (*On fait sortir Cœur au ventre.*)

ENSEMBLE.

Il ne faut point de scandale,
Ne résiste pas ainsi ;
Il faut d'ici
Que tu sortes sans merci.
Contre nous tu fais cabale,
Nous ordonnons ton départ,
Affreux braillard
Tu vas filer sans retard !

SCÈNE III.

LE QUARTIER DES LOMBARDS, LANCELOT, CLYSO, COCODET, MAL DE LA PEUR, *puis* LA FLEUR D'ORANGER, *puis* LA CAMOMILLE *et* LA MENTHE.

LE QUARTIER DES LOMBARDS. Maintenant, vite la fleur d'oranger.
COCODET. Elle sera réservée, hein ? il n'y a pas de danger ?

LA FLEUR D'ORANGER.

AIR *nouveau de M*lle *Suzanne Lagier.*

Du vert oranger,
La fleur innocente
Jamais ne présente
Le moindre danger ;
On l'a reconnu,
Candide nature,
J'offre de l'eau pure
La simple vertu.
Gracieux bouquet,
Fleur du mariage,
De la fille sage,
J'orne le corset ;
Mais dame, entre nous,
Parfois cet emblème
Devient un problème
Hélas ! pour l'époux
Du vert oranger etc.

REPRISE ENSEMBLE.
Du vert oranger, etc.

COCODET. Elle nous confesse naïvement que sa vertu et de l'eau claire, ça se ressemble beaucoup ; je la trouve simple, cette fleur d'oranger.

LE QUARTIER DES LOMBARDS. Nous avons la double.

MAL DE LA PEUR. C'est un stimulant plus actif qu'il lui faut. (*Faisant sortir la Camomille d'un des bocaux et la lui présentant.*) La Camomille.

COCODET. Mazette ! elle est gentille !

CLYSO, *lui présentant la Menthe.* La Menthe.

COCODET. Oh ! quel œil !... si vos autres filles sont aussi jolottes que la Camomille et la Menthe, vous pouvez vous vanter d'avoir bien botanisé.

LE QUARTIER DES LOMBARDS. Tu vas en juger.

SCÈNE IV.

LES MÊMES, LA MAGNÉSIE, LA PIERRE INFERNALE, LA RHUBARBE, LE GINGEMBRE, LE CAMPHRE, LE CHLOROFORME.

CHŒUR.

AIR *de Bacchanal.*

Si tu veux te bien porter,
Demeure dans cette enceinte,
A nous, livre-toi sans crainte ;
Il faut savoir nous goûter.

MAL DE LA PEUR.

Vois ce médicament qui
Fièrement se cambre ;
C'est le grand vainqueur Gingembre,
Fais-en ton ami.

LE QUARTIER DES LOMBARDS.

Ce petit curatif,
Est la manne ;

COCODET.

Peste !
Je la trouve céleste,
Pour un purgatif.

LE QUARTIER DES LOMBARDS.

Pour prendre ma limonade
On voudrait être malade.

COCODET.

Non,
Nom de nom,
Sans raison,
Quelle noire trahison !
On veut m'affrioler
Pour me faire aller.

REPRISE ENSEMBLE.

Pour prendre sa limonade,
On voudrait être malade.

COCODET.

Non.

ENSEMBLE.

Nom de nom,
Sans raison,
Dit-il, quelle trahison !
On veut m'affrioler
Pour me faire aller.

COCODET. Je conviens que cette limonade Roger est fort pétillante, mais n'importe... et la Manne ! quelle grâce ! et dire qu'avec leur petit air sucré ce ne sont que des... médecines.

LE QUARTIER DES LOMBARDS, *allant a l'ar-* *moire aux poisons.* Veux-tu, maintenant, faire connaissance avec nos poisons ?

COCODET. Non, merci, je m'en tiendrai à ces petites drogues. (*Les Drogues font la révérence.*)

GINGEMBRE, *tendant la main à Cocodet.* A la bonne heure ; je te veux du bien.

COCODET. A-t-il l'air matamore ce Gingembre ! (*Il éternue.*) Il a du montant ; il me ragaillardit... Saprelotte... Ah ! mais oui...

GINGEMBRE. Je me plais à croire que tu ne leur feras pas l'injure de t'en aller sans goûter leur mérite.

COCODET. Je les goûterai avec ivresse !... Est-elle étincelante ! cette petite Pierre Infernale... chère mignonne !... (*Il lui prend la taille.*) Aïe !...

MAL DE LA PEUR. Ah ! ça brûle, par-là.

LA PIERRE INFERNALE. Je vous ai fait mal ?

COCODET. Touchez pas... en voilà une que je comprends qu'on n'embrasse qu'à pincettes... Aïe ! aïe ! aïe ! j'ai peur de me trouver mal...

MAL DE LA PEUR. Nous avons pour te ranimer le vinaigre des quatre pharmaciens.

LE QUARTIER DES LOMBARDS. Mieux vaut endormir la douleur, et le Chloroforme va s'en charger.

COCODET. Lui !...

LE CHLOROFORME. J'endormirais le diable lui-même.

COCODET. Alors il peut bien endormir une brûlure... En effet... je ne sens plus rien... vous avez ma confiance, vous... (*Considérant la Pierre Infernale.*) Quel feu !... j'en frissonne encore !

LA BOURRACHE. Tu frissonnes !... tiens, bois.

COCODET. Qui es-tu, toi ?

LA BOURRACHE.

AIR :

Je suis la bourrache ;
A faire suer
M'éverluer,
Telle est ma tâche,
Voulez-vous suer ?
J'ai pour concurrents
D'abord ces petits innocents,
Qui croient encore aux serments
De leurs maîtresses infidèles ;
Et puis ces crétins
Qui, pour un gain
Trop incertain,
S'en vont enrichir des coquins
Dont chacun connaît les ficelles.
Comme la bourrache,
Pour faire suer
S'éverluer
Semble leur tâche,
Tous ils font suer.
Tous ces écrivains,
Qui ne vivent que de larcins
Prenant l'esprit de leurs voisins,
En pensant que cela les pose,
Ces maris trompés
Qui, pour prouver qu'ils sont dupés,
Veulent des débats
D'avocats
Afin d'ébruiter la chose.
Comme la bourrache, etc.

REPRISE EN CHŒUR.

Comme la bourrache, etc.

COCODET. Quoi ! ce breuvage serait aussi efficace pour faire suer qu'un roman de Monsieur... (*Il parle bas à la Bourrache.*) ou qu'une pièce de Madame... (*Même jeu.*)

LA BOURRACHE. Absolument.

COCODET. J'y vais de confiance. (*Il boit.*)

MAL DE LA PEUR. Très-bien. (*A Gingembre.*) Il ne fallait que le mettre en goût, tu y as réussi.

LA MENTHE, *à Cocodet.* Et moi, n'accepteras-tu rien ?

COCODET. Si fait, je vous prendrai une pastille avec reconnaissance... La bourrache agit, je me réchauffe... Avec son air délicat, cette menthe est furieusement forte. (*Il tousse.*) J'aurais bien besoin de quelque adoucissant... Tiens, au fait, je n'ai pas vu la Guimauve.

LE QUARTIER DES LOMBARDS. Elle est par-là, se livrant comme d'ordinaire à la bouillotte, mais si tu veux, Clyso va l'introduire ?

COCODET, *à Clyso.* Ne vous dérangez pas, je vous en prie. Pristi ! que j'ai chaud !...

LA MAGNÉSIE. Un verre de ma limonade te rafraîchira.

COCODET. Soit... (*Il prend le verre que lui présente la Magnésie.*) Elles sont si gentilles, que si on se laissait aller on voudrait à toutes leur prendre quelque chose... Elles sont ravissantes ! enivrantes ! délirantes !...

LE CAMPHRE, *lui présentant sa tabatière.* En usez-vous ?

COCODET. Volontiers... tiens, c'est du camphre !

LE CAMPHRE. Un des calmants les plus puissants.

COCODET. En vérité ?

GINGEMBRE, *à Mal de la Peur.* Si le Camphre s'obstine à vouloir sans cesse me contrecarrer, autant que je donne ma démission.

COCODET, *montrant le camphre.* Positivement, c'est un calmant !... il est même d'un calmant effrayant !

LA CAMOMILLE. Ne me permettras-tu pas, à mon tour, de t'offrir mes services ?

COCODET. Non, sans façon... vos instances seraient inutiles... (*A part.*) Elles ne me disent plus rien du tout. (*Le Camphre se frotte les mains.*)

GINGEMBRE, *à lui-même.* Tu me le paieras, va, toi !...

MAL DE LA PEUR, *à Cocodet.* Oh ! comme vous êtes pâle !...

COCODET, *à Mal de la Peur.* Je suis pâle ?... ça ne m'étonne pas. J'ai le cœur aussi agité que lorsque notre barque se balançait sur les flots. (*Montrant le Quartier des Lombards.*) Ses filles agissent sur moi comme la mer.

MAL DE LA PEUR. C'est que tu n'as fait, pour te débarrasser, que la moitié de ce qui convient.

COCODET. J'ai pourtant pris pas mal de choses.

MAL DE LA PEUR. Ça ne suffit pas, et si tu m'en crois, afin de hâter une définitive solution, tu vas avaler...

COCODET. Quoi que ce soit, je ne le pourrais plus. (*Il fait la grimace.*)

MAL DE LA PEUR. En pareil cas, nous avons la pilule, et tu n'auras pas le mauvais goût... de la repousser.

COCODET. La pilule !

SCÈNE V.

Les Mêmes, LA PILULE.

LA PILULE. Tu demandes la pilule; me voilà prête à t'en faire avaler de toutes les couleurs.

COCODET. C'est une pilule écossaise.

LA PILULE, *à Cocodet.*

Air *des Cocasseries de la danse.* (Chautagne.)

C'est la pilule
Qui dissimule
Tout ce qu'on tient à vous faire avaler,
Oui la formule
De la pilule
Est le grand art de bien entortiller.
On fait gober une chose impossible
Par la façon de vous la présenter,
Je le prétends, mon concours infaillible
Sait, aux humains, faire tout accepter.

Ouvre la bouche. (*Lui faisant avaler une pilule.*) Ce n'est pas plus difficile que ça.

REPRISE EN CHŒUR.

C'est la pilule, etc.

COCODET. Aussi l'ai-je gobée... Il est vrai que je ne m'en trouve pas mieux pour cela. Je crois même que depuis, mon état a encore empiré... aïe! aïe! aïe!... je suis bien malade!

LE QUARTIER DES LOMBARDS. Il faut te coucher.

COCODET. Ici?... j'aime mieux retourner auprès de Cœur au Ventre que je regrette bien d'avoir quitté... Oh! mais je n'ai plus de jambes!... sapristi! je m'en vas sous moi!... (*Il s'assied.*)

LE CHLOROFORME, *lui présentant un flacon.* Respire ceci...

COCODET. Ah! oui! je vous reconnais, vous; vous avez ma confiance... Qu'est-ce que j'éprouve donc?... Il me semble que je vais m'endormir... (*Luttant contre le sommeil.*) Eh bien!... mais je m'endors.

CHŒUR.

Air: *Bonsoir monsieur Pantalon.*

Bonsoir monsieur Cocodet,
Soyez bercé par un doux songe;
Que votre sommeil se prolonge;
C'est notre sincère souhait.
Bonsoir, monsieur Cocodet,
Bonsoir, monsieur Cocodet. } *bis.*

« Tous défilent devant Cocodet, à l'exception de Mal de la Peur et du Quartier des Lombards. »

SCÈNE VI.

LE QUARTIER DES LOMBARDS, MAL DE LA PEUR, COCODET, puis MUGUET.

COCODET, *endormi.* Je suis dans un océan de délices; il me semble que je nage au milieu de bayadères qui se disputent mon mouchoir.

LE QUARTIER DES LOMBARDS. Il est à nous.

MUGUET, *entrant précipitamment.* Cocodet, mon cher Cocodet! il est endormi!... quelle agitation!...

MAL DE LA PEUR, *bas au Quartier des Lombards.* C'est Muguet, son compagnon.

LE QUARTIER DES LOMBARDS. Tous deux à notre discrétion! quel coup de maître!

COCODET, *rêvant encore.* Charmante houri, ne t'éloigne pas... (*Se réveillant et à Muguet.*) Comment, c'est toi! Eh bien! où sont donc mes bayadères?... (*S'apercevant que son gros ventre a disparu.*) Et mon ventre!... qu'est-ce qu'on en a fait? (*Il regarde sous sa chaise.*) Suis-je assez fondu!

MUGUET. Il est certain que ton séjour ici ne t'a pas profité... et nous avons besoin de forces pour continuer notre voyage.

COCODET. L'excellent régime de Cœur au Ventre me réconfortera; décampons.

LE QUARTIER DES LOMBARDS. Je n'ai pas une moins bonne cave que Cœur au Ventre; je pourrais même vous faire goûter d'un certain vin comme il n'en a pas.

COCODET, *revenant sur ses pas.* Vraiment?

MAL DE LA PEUR *lui montrant une bouteille sur laquelle on lit: Mâcon vieux.* Voilà!... Mâcon vieux.

COCODET. Buvez le premier.

MAL DE LA PEUR. Bien volontiers. (*Il se verse et montre son verre à Cocodet.*) Hein! la belle couleur! (*Il boit.*) À la santé.

COCODET. Cette fois je crois que je peux me risquer.

MUGUET. A quoi bon?

COCODET. Il ne faut jamais repousser les bonnes connaissances. (*Il prend un verre et le tend à Mal de la Peur.*)

MAL DE LA PEUR. Tiens... (*L'étiquette de la bouteille change; au lieu de Mâcon vieux, on lit Eau-de-Sedlitz, et le liquide, de rouge qu'il est, quand Mal de la Peur se verse, devient blanc quand il verse à Cocodet.*)

COCODET. C'est de l'eau que vous me donnez là... Pouah!

LE QUARTIER DES LOMBARDS. De l'eau! cette liqueur vermeille! (*L'eau dont Mal de la Peur a rempli le verre de Cocodet prend une teinte rouge.*)

COCODET. Liqueur de puits; bonne pour les seaux... ah! je lui ai fait honte! mon eau rougit!... ce ne sera pas en vain... à la vôtre! (*Il va pour boire.*)

SCÈNE VII.

Les mêmes, CŒUR AU VENTRE.

CŒUR AU VENTRE. Arrête, pauvre dupe, car c'est encore une de ses drogues qu'il veut te faire gober en la colorant du respectable nom de Mâcon vieux.

COCODET. Ah! le gredin!

CŒUR AU VENTRE. Mais sois sans crainte, puisque tu reviens à moi, il devient impuissant à te persécuter.

COCODET. Enfoncé le Quartier des Lombards.

CŒUR AU VENTRE. Quittez cette île, je vous en fournirai les moyens et continuez à marcher vers le but que vous vous proposez; la Persévérance vous l'ordonne.

LE QUARTIER DES LOMBARDS. Ils ne sortiront pas d'ici, j'en atteste mes drogues.

SCÈNE VIII.

Tous les personnages du tableau.

CHŒUR DES DROGUES.

Air *de Bacchanal.*

Voulez-vous vous bien porter,
Demeurez en cette enceinte,
A nous livrez-vous sans crainte,
Il faut savoir nous goûter.

LE QUARTIER DES LOMBARDS.

Il faudra, bon gré mal gré,
Qu'ici, je vous garde,
Par Clyso qui vous regarde,
Oui, je l'ai juré;

CŒUR AU VENTRE.

Je leur épargnerai
Ta triste cuisine,
Et de cette cassine
Je les tirerai.

LE QUARTIER DES LOMBARDS.

Tant d'insolence me lasse,
Ici, pour vous point de grâce.

TOUS.

Non,
Non, non, non,
Cent fois non,
Il faut, pour notre renom,
Punir ces orgueilleux,
Qu'ils meurent tous deux!

« Muguet et Cocodet qu'excite Cœur au Ventre, luttent contre Clyso, Lancelot et les porte-seringues qui leur barrent le chemin. »

LE QUARTIER DES LOMBARDS. Je crois qu'il est temps de faire donner notre artillerie de siège. (*Entrent des Porte-seringues, armés de seringues énormes.*)

COCODET. Ah! l'artillerie!

MAL DE LA PEUR. Aux grands maux les grands remèdes!

REPRISE EN CHŒUR.

Tant d'insolence nous lasse,
Ici pour eux point de grâce;
Non,
Non, non, non, etc.

» Tohu-bohu général; Cœur au Ventre fait livrer passage à Muguet et à Cocodet. Tableau. »

ONZIÈME TABLEAU.

IL FAIT DU VENT.

Une tonnelle du domaine de Cœur au ventre, d'énormes grappes de raisin jaunies par le soleil pendent à une riante treille. A gauche un pressoir, à droite un tonneau de grande dimension.

SCÈNE PREMIÈRE.

CŒUR AU VENTRE, MUGUET, puis COCODET, puis MAL DE LA PEUR, CLYSO et LANCELOT.

CŒUR AU VENTRE *sortant du tonneau, suivi de Muguet.* Nos ennemis ne soupçonnent pas cette entrée de mes domaines; s'ils osaient, d'ailleurs, pénétrer jusqu'ici, ils ne seraient bientôt plus à craindre.

MUGUET. Mais qu'est devenu mon pauvre Cocodet?

CŒUR AU VENTRE. Cocodet?

COCODET *entrant essoufflé.* Ah! je peux dire que j'en ai plein le dos de ce Clyso et de son ami Lancelot; j'avais beau leur répéter que je n'avais pas besoin de leur ministère, ils tenaient à entrer en pourparler... (*On entend des cris.*) Sapristi! ce sont eux!... (*Descendant la scène.*) De grâce, qu'ils ne pénètrent pas.

CŒUR AU VENTRE. Rassure-toi.

COCODET. Si je connaissais une souris, je lui demanderais volontiers l'hospitalité.

CŒUR-AU-VENTRE *indiquant le tonneau.* Réfugiez-vous là.

COCODET. Vous voulez nous mettre en pièce? mais s'il n'y a pas de fausset, nous n'aurons pas d'air.

MUGUET. Viens donc, viens donc.

MAL DE LA PEUR *parlant à Lancelot et à Clyso qui restent au fond.* Lancelot, et toi, Clyso, voyez s'il n'existe pas d'issues dérobées.

CLYSO. Soyez tranquille. (*Clyso et Lancelot disparaissent.*)

SCÈNE II.

MAL DE LA PEUR, CŒUR AU VENTRE.

CŒUR AU VENTRE. Tu t'acharneras donc toujours à la poursuite de mes protégés?

MAL DE LA PEUR. Cette fois ils ne sauraient m'échapper. Ils ne résisteront pas à tous les maux engendrés par les drogues dont la seule présence dans tes vignes a rendu le raisin malade. Vois plutôt. (*Il prend une grappe de raisin qui dans ses mains change de couleur.*)

CŒUR AU VENTRE. Oh! je sais bien que les médecins et les drogues sont bientôt venus à bout des plus solides tempéraments et que tu es devenu, sous les traits du Mal de la Peur, leur plus puissant auxilliaire. Mais la treille de Cœur au Ventre pourrait bien leur faire oublier tes préceptes... Écoute plutôt; entends-tu le glouglou des bouteilles?

CHŒUR *dans la coulisse.*
AIR *du Médecin malgré lui.*

Tes glous glous (*bis*)
Qu'ils sont doux
Vermeille bouteille;
Qu'ils sont doux,
Tes glous glous,
Tes petits glous glous (*bis*).

CŒUR AU VENTRE.
Ah!
Bouteille (*ter.*) vermeille,
Ah!
Bravo (*bis*) tu les captives tous.

MAL DE LA PEUR.
Mais sont-ils donc devenus fous?

CŒUR AU VENTRE.
C'est l'influence de la treille.

CHŒUR.
Qu'ils sont doux (*ter*)
Bouteille vermeille
Qu'ils sont doux (*ter*)
Tes petits glous glous,
Tes petits glous glous, glous glous, glous glous,

CŒUR AU VENTRE.
A Noé faisant honneur,
Ici chaque cep de vigne,

A son grain pour le buveur,
Son bois pour l'épouse indigne,
Ses feuilles pour la pudeur (*bis*).

REPRISE DU CHŒUR.
Tes glous glous, (*bis*) etc.

MAL DE LA PEUR. Je ne puis croire à ce que j'entends.

CŒUR AU VENTRE. Tu croiras du moins à ce que tu vas voir. Regarde!

SCÈNE III.

Les mêmes, LE QUARTIER DES LOMBARDS, CLYSO, LANCELOT, GINGEMBRE, LE CAMPHRE, *puis successivement toutes les Drogues. Ils sont ivres et chancellent.*

LE QUARTIER DES LOMBARDS.
AIR : *Polka de Mademoiselle Lagier.*

Tra la la, tra la la la,
Quand on a bu l'on boira.
Tra la la, tra la la.

(*se versant.*)
Voilà, qui vous prouve cela.

GINGEMBRE.
Il n'est rien, non rien sur terre,
Rien de gai comme le vin,
La lèvre sourit au verre
Le verre sourit à la main.

LE QUARTIER DES LOMBARDS *et* GINGEMBRE.
Tra la la, tra la la la,
Rien n'est gai comme cela,
Tra la la la, tra la la la,
Oui, quand on a bu, l'on boira.
(*Mal de la Peur les menace du geste.*)

LE CAMPHRE.
Mais le vin a ses déboires,
Tout tourne, et je n'y vois plus.
(*A Clyso et à Lancelot qui s'approchent.*)
Cachez donc ces accessoires
Qui jurent au nez, au nez de Bachus.

LE CAMPHRE, LE QUARTIER DES LOMBARDS ET GINGEMBRE.
Tra la la, tra la la la la
Rien n'est gai comme cela,
Tra la la, tra la la la.
Ça passe passe et passera.

CŒUR AU VENTRE, *arrêtant le Camphre qui court après Clyso.*
Plus de luttes, plus de guerres,
Mieux vaut soigner le raisin;
Car, pour noyer la colère,
Il n'est rien de tel, que le vin.

TOUS.
Tra la la, tra la la la,
La bouteille dansera;
Tra la la, tra la la la,
Des pochards voilà la polka!
(*Ils exécutent une polka à laquelle se mêlent toutes les Drogues.*)

DOUZIÈME TABLEAU
L'ENLÈVEMENT DE PROSERPINE.

Une chambre d'auberge. Au fond un tableau représentant Pluton enlevant Proserpine ; deux lits, l'un à droite, l'autre à gauche du troisième plan ; au deuxième plan, une fenêtre faisant face à une porte ; au premier plan, une cheminée, une table, un fauteuil, une chaise.

SCÈNE PREMIÈRE.

LA DISCORDE, *sous les traits de l'Aubergiste,* LE PRINCE KOLIBRIKIKI, *redevenu blanc,* TAISTONBEC, *devenu noir.*

LA DISCORDE. Entrez, messeigneurs, vous pourrez vous reposer ici tout à votre aise.

LE PRINCE. Ouf!

TAISTONBEC. Vous êtes fatigué, Prince?

LE PRINCE. Fatigué!... fatigué n'est pas le mot; je suis éreinté... Ce qui n'est rien pour vous autres noirs, est beaucoup pour nous autres blancs, et je déclare que j'en ai assez de courir après ta fiancée.

TAISTONBEC. Je me souviens d'avoir été blanc.

LE PRINCE. Et moi d'avoir été noir.

LA DISCORDE, *bas au Prince.* Prends garde de le redevenir. Le Destin a dit qu'il fallait, pour que tu reprisses ton teint primitif, qu'un autre devînt noir à la place.

LE PRINCE, *montrant Taistonbec.* Le voici.

LA DISCORDE. Mais ce n'est pas tout : il faut encore que cet autre offre quelque garantie de perpétuer la race nègre. Or, si dans un mois, pour dernier délai, Taistonbec n'a point épousé Paquerette, un nouveau changement s'opèrera, je te le prédis, dans la couleur de chacun de vous.

LE PRINCE. Fichtre! mais je ne veux pas, et nous continuerons notre voyage, quelque pénible qu'il soit.

AIR *de la Rose de Saint-Flour.*

Ah! quel satané voyage!
C'est à n'en pas revenir.

TAISTONBEC.
Ah! quel satané voyage, etc.

LE PRINCE.
Quand on veut s' mettre en ménage,
D'avanc' faut-il tant souffrir?

TAISTONBEC.
Quand on veut s' mettre en ménage, etc.

LE PRINCE.
Ce fait m'a toujours frappé :
Quand un homme, sur mon âme,
Veut attraper une femme,
Il est d'abord attrapé.
Ah! ah! ah! ah!

TAISTONBEC.
Ah! ah! ah! ah!

LE PRINCE.
Paquerette filera

TAISTONBEC.
Et de nous se moquera.

ENSEMBLE.
Ah! quel satané voyage!

LA DISCORDE.
Soyez-en tous deux certains,
Paquerette en vain s'esquive,
Et la belle fugitive
Doit tomber entre vos mains.

TAISTONBEC.
Ah! ah! ah! ah!

LE PRINCE.
Ah! ah! ah! ah!

TAISTONBEC.
Si ça finit comme ça,

LE PRINCE.
L'on rira, l'on dansera.

TAISTONBEC.
Ah! quel aimable présage
De noce et de Festival.
ENSEMBLE.
Ah! quel aimable présage, etc.
TAISTONBEC.
Le jour de mon mariage,
Quel balancé général.
ENSEMBLE.
Le jour de mon mariage, etc.
    son
(*Le Prince et Taistonbec dansent sur la ritournelle.*)
LA DISCORDE. Vous qui vous disiez si fatigué !
LE PRINCE. C'est un petit revenez-y ; mais je n'en suis pas moins moulu.
LA DISCORDE. Afin de vous remettre, je vais vous faire donner à souper. (*La Discorde sort.*)

SCÈNE II.

LE PRINCE, TAISTONBEC.

TAISTONBEC, *prenant un siége*. Le souper me sera agréable, car j'ai les dents longues comme le diable. (*Les dents du Pluton, qui représente le tableau, s'allongent et claquent les unes contre les autres.*)
LE PRINCE, *se retournant à ce bruit*. Qu'est-ce que c'est que ça?
TAISTONBEC, *indiquant le tableau*, Ah! ce monsieur noir qui nous montre les dents !
LE PRINCE. Je n'avais pas remarqué cette peinture.
TAISTONBEC. Aurais-je un confrère? Moi qui croyais être le seul de ma nuance...
LE PRINCE. Il y a aussi Pluton, que cette toile te représente, enlevant Proserpine.
TAISTONBEC. Comme j'enlèverai Paquerette.

SCÈNE III.

LES MÊMES, LA DISCORDE.

LA DISCORDE. Je viens vous annoncer...
TAISTONBEC. Le souper?
LA DISCORDE. Non; une bonne nouvelle. Paquerette et Cocodette, qui ne sont plus qu'à quelques pas d'ici, viennent me demander l'hospitalité pour cette nuit.
TAISTONBEC. Est-il possible?
LA DISCORDE. Cette chambre est celle que je leur destine ; nous pourrons, sans être vus, les y observer tout à notre aise. Quand vous aurez réuni vos gens, venez vous emparer de vos prisonnières... Ce sont elles... qu'elles ne vous voient pas. (*Le Prince et Taistonbec se cachent derrière la porte, et sortent avec précaution quand Paquerette et Cocodette sont entrées.*)

SCÈNE IV.

LA DISCORDE, PAQUERETTE, COCODETTE.

ENSEMBLE.
AIR *de l'Ambassadrice.*
Attendons ici jusqu'à l'aurore
Puis, nous reprendron snotre chemin ;
Il faudra marcher longtemps encore,
Reposons-nous donc jusqu'à demain.

COCODETTE. On nous a dit, madame l'aubergiste, que vous aviez une chambre de libre.
LA DISCORDE. Celle-ci vous convient-elle ?
COCODETTE. Oh! nous ne sommes pas difficiles, et nous nous contenterons de la première venue, pourvu qu'on n'entende pas de bruit, qu'il fasse bien chaud, que les lits soient excellents. et qu'il n'y ait pas de locataires indiscrets.
LA DISCORDE. Vous pouvez être tranquilles. Vous ne désirez pas autre chose?
PAQUERETTE. Pas autre chose.
LA DISCORDE. Alors, bonne nuit.
COCODETTE. Bonsoir.

REPRISE ENSEMBLE.

Attendez ici jusqu'à l'aurore, etc.
(*La Discorde sort.*)

SCÈNE V.

PAQUERETTE, COCODETTE, *puis* TAISTONBEC, *puis* LE PRINCE.

COCODETTE. Commençons d'abord par explorer les localités. (*Elle prend la bougie, s'approche de la fenêtre, puis recule effrayée.*) Paquerette!...
PAQUERETTE. Qu'as-tu donc ?...
COCODETTE. J'ai cru voir, à travers les vitres, une main qui cherchait à ouvrir la fenêtre... (*La fenêtre s'ouvre, une main paraît tenant un billet.*)
PAQUERETTE et COCODETTE, *jetant un cri*. Ah ! (*Elles descendent la scène, l'une à droite, l'autre à gauche.*)
UNE VOIX. *au dehors*. De la part de la Persévérance.
PAQUERETTE et COCODETTE. De la Persévérance ?...
LA VOIX. Prenez donc. (*Le bras s'étend jusqu'au milieu du théâtre.*)
COCODETTE. Qu'on dise que notre protectrice n'a pas le bras long. (*A Paquerette, qui a pris la lettre.*) Que dit ce billet?
(*Le bras se retire.*)
PAQUERETTE, *lisant*. « Ne vous étonnez, ni ne vous effrayez de rien. Je veille. »
COCODETTE. Si elle veille, nous pouvons dormir tranquilles. Je vas pourtant continuer ma visite. (*Comme elle passe près du tableau, l'image de Pluton souffle sa bougie.*) Ma bougie qui s'est éteinte !
PAQUERETTE. Et nous n'avons pas d'allumettes!
COCODETTE. Elle ne peut cependant pas se rallumer toute seule!... (*La bougie se rallume d'elle-même.*) Si! p'tit bonhomme vit encore! (*Pendant l'instant d'obscurité qui vient de s'écouler, la tête de Taistonbec a remplacé celle de Pluton.*)
PAQUERETTE. C'est, que comme elle nous l'a dit, la Persévérance veille sur nous.
COCODETTE, *examinant le tableau*. Tiens! la dame blanche! A-t-elle un air piteux près de ce monsieur noir ; il faut avouer aussi qu'il est bien laid.
TAISTONBEC. Merci.
COCODETTE, *à Paquerette*. Plaît-il?

PAQUERETTE. Je n'ai rien dit.
COCODETTE. J'avais cru entendre. (*Elle va relever les rideaux des deux lits.*) Personne... nous sommes bien seules! (*Taistonbec fait entendre un rire.*)
COCODETTE et PAQUERETTE, *se retournant ensemble*. Hein?...
COCODETTE, *se rassurant*. C'est probablement à côté. (*Elle va fermer le verrou.*) Maintenant que nous sommes certaines de ne pouvoir être surprises, si nous nous couchions? (*Elle pose la bougie sur la cheminée.*)
PAQUERETTE. Tu vas rire de moi ; mais devant ce tableau, devant ce portrait du diable... je n'ose pas.

AIR : *Ne parle pas* (Dragons *de Villars.*)
Je n'ose pas ; devant cette peinture
Je rougirais de me déshabiller ;
Si du démon c'est la noire figure,
Son regard seul ne peut-il nous souiller?
De ce tableau, l'influence incroyable
Oui, j'en conviens, cause mon embarras.
(*Elle va pour ôter son fichu.*)
Il ne faut pas, dit-on, tenter le diable,
Je n'ose pas, non, non, je n'ose pas.

COCODETTE. Tu as peur d'un pareil magot !...
TAISTONBEC. Comme elle me traite !...
PAQUERETTE. Que veux-tu, il y a des sentiments qu'on ne raisonne pas, et je préfère passer la nuit dans ce fauteuil.
COCODETTE. A ton aise. Quant à moi, qui ne m'effarouche pas de si peu, je me couche. (*Elle ôte son bonnet.*)
TAISTONBEC. Pourquoi Paquerette n'en fait-elle pas autant? (*Le bonnet de Paquerette disparaît ; Cocodette enlève son fichu, et le fichu de Paquerette disparaît aussi.*)
PAQUERETTE. Eh bien!... (*Cocodette défait son corsage, le corsage de Paquerette disparaît encore.*)
TAISTONBEC. Ah! prince, prince, venez donc voir... (*La bougie s'éteint.*) Fichue bougie...
COCODETTE. Cette fois on a parlé...
LE PRINCE. Des lumières! qu'on apporte des lumières.
PAQUERETTE. Quelqu'un ici!... Où nous cacher ? (*Paquerette se cache derrière le rideau du lit de droite, Cocodette derrière ceux du lit de gauche. Un Garçon apporte deux flambeaux ; on voit alors le Prince qui occupe sur le tableau la place de Pluton et Taistonbec celle de Proserpine, de façon que Proserpine a la tête noire et Pluton le visage blanc.*)
TAISTONBEC. Plus personne...
LE PRINCE. Avançons, Taistonbec, avançons. (*Tous deux se détachent de la toile et avancent en scène.*)
COCODETTE, *passant la tête à travers les rideaux*. Bah! je risque un œil... Ah! la dame blanche et l'homme noir qui ont changé de tête!... (*Elle se retire.*)
TAISTONBEC. Où peuvent-elles s'être réfugiées?...
LE PRINCE. Éclaire, toi. (*Ils entr'ouvrent les rideaux des deux lits ; dans chacun se dessine la forme d'un corps tournant le dos au public ; et dont la tête, qui repose sur l'oreiller, est enveloppée d'un bonnet.*)
TAISTONBEC. Elles se sont mises au lit,

LE PRINCE. Allons, allons, il faut vous habiller et nous suivre... Que votre pudeur ne s'alarme point, nous nous tiendrons discrètement à l'écart... Vous ne répondez pas?...

TAISTONBEC. Nous aurons pour vous tant d'égards, que vous finirez, j'en réponds, par nous montrer un gracieux visage. (*Les deux corps retournent la tête; ce sont des singes.*)

LE PRINCE. Fi ! l'horreur !...

TAISTONBEC. Ma Paquerette changée en guenon !...

LE PRINCE. Encore une de ces inexplicables mésaventures comme il nous en arrive tant....' Maudite bouteille à l'encre ! (*Ils ouvrent les lits, les singes en sortient armés de bâtons; pour éviter leurs coups, le Prince et l'taistonbec veulent sortir; mais le Garçon, aussi métamorphosé en singe, leur barre le chemin; ils se sauvent en criant, par la fenêtre; les singes les poursuivent en les frappant.*)

TREIZIÈME TABLEAU

LE SIRE TRIGUIBOLLE.

Une forêt par un temps de neige ; une cascade dont les eaux ont gelé dans leur chute. Sur le devant de la scène un arbre dépouillé, au pied duquel un bloc de glace forme banc ; le ciel est sombre.

SCÈNE PREMIÈRE.

MUGUET, COCODET, *armé jusqu'aux dents*, MUGUET, *pâle et défait est soutenu par Cocodet*.

ENSEMBLE.

Air *de l'Imagier de Harlem.*

Nous échappons à la dent des sauvages,
Leurs procédés me semblent incongrus ;
Vit-on jamais de tels anthropophages ?
Ils prétendaient nous avaler tout crus.

COCODET.

Les naturels, prenant leur coudée franches,
Pour nous manger, faisaient de longs discours ;
Ils s'apprêtaient à nous couper en tranches ;
Quelle façon de voir trancher ses jours !

REPRISE ENSEMBLE.

Nous échappons à la dent des sauvages, etc.

COCODET. Si nous avons pu échapper au tourne-broche de ces maudits sauvages, il n'est pas moins vrai qu'ils t'ont blessé.

MUGUET. Ce n'est rien.

COCODET. Ce n'est rien, mais tu te soutiens à peine ; si tu m'en crois, tu n'épuiseras pas le peu de force qui te reste par des efforts inutiles, et nous ferons ici une halte qui te permettra de te remettre... Pristi qu'il fait froid ! ici...

MUGUET. Oui, tu as raison, car je le sens, la fatigue finirait par l'emporter sur le courage.

COCODET. Et puis nous déjeunerons. (*Il casse des branches qu'il réunit pour faire du feu.*) Ça m'a mis en appétit de manquer d'être mangé, et je sens que je ferai honneur à ce cuissot d'ours... un ours qui, on peut le dire, était un rude lapin !

Air :

Lorsque je songe à la lutte effroyable
Qu'il nous fallut soutenir contre lui ;
Au souvenir de cet ours redoutable,
Oui, j'en conviens, j'tremble encore aujourd'hui.
De l'ours on dit que l'excellente graisse,
D'un grand secours pour les fronts dénudés,
Fait repousser une chev'lure épaisse,
Rien que d'le voir mes ch'veux en sont tombés.

Mais si, de son vivant, il nous a donné du fil à retordre, une fois défunt il nous a fait bien du profit ; voilà près de quinze jours qu'il défraye tous nos repas, et, de plus, il t'a fourni un vêtement...

MUGUET. Tu as voulu que je prisse ce manteau.

COCODET. N'étais-tu pas souffrant ? D'ailleurs, sois tranquille, l'ours est un gibier qui ne manque pas dans ces climats de chiens et le premier que nous rencontrons... je m'en vêts.

MUGUET. Comment tu t'en vas ?

COCODET. Non ; je dis je m'en vêts, parce que j'espère m'en vêtir... J'ai cru entendre...

MUGUET. Oh ! les sauvages qui nous ont attaqués, ont été trop effrayés des détonations de nos pistolets pour revenir à la charge.

COCODET. D'accord, mais ce souverain, dont ils sont si fiers, ce monstre extraordinaire dont ils nous ont menacés, il peut venir à la tête de quelque effroyable bataillon et nous n'avons plus un grain de poudre pour recevoir le sire Triguibolle.

MUGUET. Si tu veux que je te dise ma façon de penser, je crois peu à ce fantastique personnage que les indigènes appellent Triguibolle.

COCODET. Moi, j'avoue que les épreuves par lesquelles nous avons déjà passé m'ont habitué à croire à tout, excepté à la réussite de notre entreprise.

MUGUET. Tu désespère toujours.

COCODET. C'est que je commence à trouver que c'est un peu loin, les antipodes.

MUGUET. Songe à Cocodette comme je songe à Paquerette, cela te donnera du courage.

COCODET. La neige refroidit bien les sentiments, et puis, pensent-elles seulement encore à nous ?... Saperlotte ! qu'est-ce que je vois là bas ?... c'est lui !

MUGUET *se soulevant avec peine.* Aïe !... qui cela ?

COCODET. C'est Triguibolle... Il a trois jambes ! Et trois bras !... doit-il en brasser, de la besogne !

SCÈNE II.

LES MÊMES, TRIGUIBOLLE. *Ce personnage qui a trois jambes, a aussi un troisième bras au milieu de la poitrine de la main gauche , il tient un parapluie, de la main droite, une canne, et de la main qui est au centre, un livre.*

MUGUET. Son attitude est assez débonnaire.

COCODET. Tenons-nous toujours sur nos gardes, (*Triguibolle, en voyant Cocodet dégaîner met son livre dans sa poche,* ferme son parapluie qu'il accroche, ainsi que sa canne, à sa boutonnière, puis tire successivement, du même fourreau, trois sabres dont il arme ses trois mains.)

COCODET, *lui voyant tirer son second, puis son troisième sabre.* Et de deux !... et de trois !... mais je n'ai que deux bras, moi, c'est triché !

MUGUET. Il m'en reste encore un de bon.

COCODET. C'est juste, la partie est égale ; nous avons même l'avantage d'une jambe... si nous nous la cassions ?

MUGUET. Plutôt mourir.

COCODET. Allons-y. (*Ils luttent contre Triguibolle qu'ils forcent à reculer ; sortie. Changement à vue. Les arbres redeviennent verts ; celui qui se trouve sur le devant de la scène se couvre de rameaux ; l'eau de la cascade jaillit, le bloc de glace se change en un banc de verdure; le ciel s'éclaircit ; on est dans l'Ile des Serpents.*)

QUATORZIÈME TABLEAU.

L'ILE DES SERPENTS.

SCÈNE PREMIÈRE.

LA COULEUVRE, LE CAMÉLÉON, LA TARENTULE, LE CRAPAUD, LA TORTUE, LE LÉZARD.

ENSEMBLE.

Air *de Pilati.*

De nous que veut-on ici ?
Le Boa, qui nous appelle,
Doit avoir quelque nouvelle
Pour nous réunir ainsi.

LA COULEUVRE.

Hier m'a-t-on dit, on a vu dans le port,
Entrer une sombre barque ;

LA TARENTULE.

Et chacun, tremblant, assurait qu'à bâbord
Était l'impitoyable Parque.

REPRISE ENSEMBLE.

De nous que veut-on ici, etc.

LA TORTUE, *très-lentement.* La Parque est ici ?

LA TARENTULE, *l'imitant.* Hélas ! oui. (*Très-vite.*) Elle ne se presse jamais, la Tortue... ah ! quelle gnangnan !...

LA COULEUVRE. Ce n'est pas comme toi, la Tarentule.

LE CAMÉLÉON. La mort des Serpents ! Ça me fait un singulier effet... (*Il change de couleur.*)

LA TARENTULE. Le Caméléon en devient bleu... Au surplus son inquiétude est bien justifiée ! Le venin du Scorpion, du Serpent à Sonnettes, de la Vipère et de l'Aspic ayant fait succomber les derniers habitants de l'île, la mort ne peut plus venir que pour l'un de nous.

LE CAMÉLÉON.

Air : *On dit que je suis sans malice.*

Pour nous, dans cette conjoncture,
Oui, j'entrevois une mort sûre ;
Je ne le cache nullement,
C'est bien là mon raisonnement ;

Il ne reste plus dans cette île,
Que la gente insecte, ou reptile,
C'est donc, quand elle s'en ira,
L'un de nous que la mort aura.

LA COULEUVRE. La Tarentule a raison, et mon affaire est claire, à moi, innocente couleuvre !
LA TORTUE, *toujours avec la même lenteur.* Ainsi qu'à moi, pauvre Tortue !
LE LÉZARD. Comme à moi, malheureux Lézard !
LE CRAPAUD, *tirant son mouchoir.* Et à moi, donc!...
LE CAMÉLÉON. Qu'est-ce que c'est?... le Crapaud qui s'en mêle!... quand je vous dis qu'il n'y a plus d'enfants.
LA COULEUVRE. Ah ! ah ! voici tous les dignitaires, classés dans l'ordre des reptiles !
LA TARENTULE. Qu'est-ce que tout cela signifie?

SCÈNE II.

LES MÊMES, LA PERSÉVÉRANCE *sous les traits de la Salamandre*, LE SERPENT A SONNETTES, L'ASPIC, LE BOA, LE SCORPION, LA VIPÈRE, *un bataillon de Serpents-à-Sonnettes, précédés de musiciens jouant du serpent.*

CHŒUR.

De nous, que veut-on ici ?
Le Boa, qui nous appelle,
Doit avoir quelque nouvelle
Pour nous réunir ainsi.

LE BOA. Encore une fois, mes enfants, je vous affirme que je ne sais rien. J'ai reçu de la Parque l'ordre de convoquer la population rampante de l'Ile des Serpents, mais j'ignore le motif de cet appel à la gent pédipalpe ovipare et ovovivipare.
LA VIPÈRE. Et vous, maître Scorpion, n'êtes-vous pas mieux informé que monseigneur le Boa?
LE SCORPION. En vérité non, ma chère petite Vipère, et j'étais précisément en train de confesser mon ignorance à la Salamandre qui, elle aussi, brûle de savoir ce qui se passe.
L'ASPIC. La Salamandre qui brûle ! Voilà qui est nouveau.

AIR :
LA TARENTULE.

On prétend qu'à toutes les flammes
Elle résiste mais c'est faux ;
Elle est comme toutes les femmes,
Ce n'est pas dire sans défauts ;
La première elle le déplore,
Mais c'est la triste vérité,
Il est un feu qui la dévore,
Et c'est la curiosité,
Oui, c'est la curiosité.

LA SALAMANDRE. C'est vrai.
LE SCORPION. Au moins, elle avoue son faible.
LA TARENTULE. Je vous annonce un visiteur ; mais celui-là est moins franc que la Salamandre, car il ne se montre jamais sans un masque.
LE BOA. Qui cela ?
L'ASPIC. C'est le vice.
TOUS. Le vice !

SCÈNE III.

LES PRÉCÉDENTS, LA DISCORDE, *sous les traits du Vice.*

LA DISCORDE.
AIR :

Saluez le vice,
L'on me reconnaît
A plus d'un indice,
A plus d'un attrait ;
Saluez le vice,
L'on me reconnaît
A plus d'un attrait,
L'on me reconnaît.

DE BOA.

Tes attraits ne sont que des pièges,
Quand tu te montres séduisant
Je ne crois pas à tes manèges,
J'ai la prudence du serpent.

LA DISCORDE.

J'en conviens, j'ai les traits livides,
Avant l'âge, il me faut vieillir,
Mais, après tout, que font les rides,
Sillons creusés par le plaisir,
Saluez le vice, etc.

REPRISE EN CHŒUR.

Saluons le Vice, etc.

LA TARENTULE. Fiez-vous donc à sa bonne mine !... ah ! mon pauvre Vice, ton masque est bien menteur !
LA DISCORDE. Qu'importe, s'il existe des fous pour y croire...
LA PERSÉVÉRANCE, *a part.* La Discorde sous les traits du vice !
LA DISCORDE. Ah ça ! vous êtes donc tous devenus bien ganaches?...
LE BOA. Ganaches !
LE SCORPION. Et pourquoi ?
LA DISCORDE. Comment! voilà plus d'un mois que vous n'avez dépêché le moindre mortel à notre reine !
LE BOA. Not e reine....
LA DISCORDE. Dans l'île des Serpents, la Mort est reine et le Vice roi. N'est-ce pas sous la forme de l'un de vous, que j'ai fait succomber la première femme? ventre de serpent !
LA VIPÈRE. Nous épargnons si peu les hommes que dans cette contrée, il n'en reste pas le nez d'un.
LA DISCORDE. Je conviens que vous avez assez consciencieusement dévasté le pays, mais il me paraît impossible qu'il n'ait jamais traversé par aucun voyageur. Si un traître était parmi vous?
LA VIPÈRE. Un traître ! il faut qu'il meure!.. Son nom, quel est son nom?
LE BOA. Là, là,... Ce n'est qu'un soupçon qu'élève le Vice.
LA COULEUVRE. Mais la Vipère envenime tout.

LA VIPÈRE.

AIR d'Hervé (*Don Quichotte et Sancho*).

Je suis sans colère,
C'est mon caractère,
Et toi, de Vipère,
J'aime mon prochain ;
Si je vois mal faire,
Je cherche à le taire,
A tous je veux plaire,
Le fait est certain,
Car, foi de Vipère,
J'aime mon prochain.

Je dois avouer qu'en cette grave circonstance,
Il faut, cependant, être malgré soi, rigoureux ;
Parmi nous d'un traître on a signalé la présence,
Et trop de bonté pourrait devenir dangereux.
(*S'adressant confidentiellement à la Discorde*).

Sans nommer personne,
Ici, je puis bien,
Dire qu'on soupçonne,
Ceux qui ne font rien.
A chacun ses œuvres,
Que fait le Lézard ?
Que font les Couleuvres ?
Que fait le Têtard ?
Enfin, il circule
Quelque fâcheux bruit,
Sur la Tarentule.
Mais trop parler nuit.
(*S'adressant à tous*).
Je suis sans colère, etc.

LE BOA. Et patati et patata.... a-t-elle une langue, cette Vipère !....
LA TARENTULE, *a la Discorde et avec volubilité*. Tu en as trop dit, pour ne pas aller jusqu'au bout ; qui soupçonnes-tu ? De qui parles-tu ? Répondras-tu ? Mais réponds donc!...
LA DISCORDE. Je n'affirme rien.... seulement....
LA TARENTULE. Seulement?... Tu as dit seulement... mais continue, voyons.
LE SCORPION. Si tu veux qu'il continue, ne l'interromps pas à chaque mot, tu parles toujours, toi la Tarentule.
LA DISCORDE. Voici le fait : deux imprudents, avec cette présomption qui caractérise les humains, ont entrepris d'aller chercher à la source de Jouvence, l'eau qui rend éternellement jeune. Traverseront-ils impunément cette île ?
TOUS. Non, non.
LA DISCORDE. Pour conjurer tous les dangers qui doivent ici menacer leur vie depuis la piqûre irrémédiable de l'Aspic jusqu'à l'ombre mortelle du mancenillier, la Persévérance aurait mis dans vos intérêts l'un d'entre vous, ou se serait elle-même glissée dans vos rangs sous une forme d'emprunt.
LA PERSÉVÉRANCE, *a part.* Serais-je reconnue ?
LA DISCORDE. Mais si vous me secondez, j'en réponds, Muguet et Cocodet n'iront pas plus loin.
TOUS. Nous te seconderons.
LA DISCORDE. A la bonne heure !

TOUS.

AIR du *Violonneux*.

Unissons-nous, pour assurer leur perte,
Par notre accord nous devons réussir ;
Avant d'agir, qu'ensemble on se concerte
Sur les moyens de les faire périr.

LA DISCORDE.

N'y mettez pas de malice,
Le Vice a sur vous le pas ;
Il n'existe pas de vice
Qui ne conduise au trépas.
Il faut que l'on m'obéisse ;
Que ce décret
Reste secret,
Votre valet
Vous le transmet ;
De la Parque, c'est l'arrêt,
L'arrêt
Secret,

TOUS.
C'est de la Parque l'arrêt !
Obéissons à cet ordre suprême,
Obéissons aux décrets de la mort ;
Elle a lancé son terrible anathème,
Que ses ennemis subissent donc leur sort.
(*Tous sortent à l'exception de la Persévérance, du Serpent à Sonnettes et de son bataillon.*)

LA PERSÉVÉRANCE, *bas au Serpent a sonnettes.* Je puis toujours compter sur toi et sur les tiens.

LE SERPENT A SONNETTES. Toujours.

LA PERSÉVÉRANCE. Voici l'un de mes protégés, qu'il ne vous voie pas d'abord.

LES SERPENTS.

Air : *De Gastibelza.*

Afin de plaire aux dieux,
Aux mortels que tu protèges,
Nous ferons voir les pièges
Que l'on doit tendre en ces lieux.
(*Ils s'éloignent.*)

SCÈNE IV.

LA PERSÉVÉRANCE, *puis* COCODET.

LA PERSÉVÉRANCE. Pourquoi Cocodet est-il seul ?... Pourquoi Muguet ne l'accompagne-t-il pas ?...

COCODET, *parlant à la cantonade.* Je vas me dépêcher, mais ne flâne pas trop, pour ta part. (*Descendant la scène.*) Ce doit être par ici... Dieu qu'il fait chaud !

LA PERSÉVÉRANCE. Vous désirez quelque chose ? Si je puis aider vos recherches, disposez de moi.

COCODET. Quel est ce volatile ?

LA PERSÉVÉRANCE. Vous me regardez avec étonnement, je suis la Salamandre.

COCODET. La Salamandre !... on comprend bien en vous voyant, la nécessité d'une assurance contre l'incendie car vous devez faire brûler bien des cœurs... (*A part.*) C'est un peu touché, ça.

LA PERSÉVÉRANCE. De la galanterie !

COCODET. Le fait est, que par une température comme celle-ci, c'est assez méritoire car la chaleur, me coupe tout espèce d'amabilité et d'appétit... A ce propos, un petit jeune homme qui nous faisait tout à l'heure de la gourmandise un éloge fort éloquent, m'a dit que je trouverais dans cette cabane isolée, certain personnage, grâce auquel j'aurais toujours faim.

LA PERSÉVÉRANCE. Malheureux !... c'est la retraite du ver solitaire.

COCODET, *faisant un soubresaut.* Saperlotte !... ce que c'est pourtant quand on ne connaît pas !... le ver solitaire !... voilà une fin dont je ne vous veux pas. (*Se tournant vers le côté par lequel il est entré.*) Ah ! si je te rattrape, toi, petit scélérat, avec tes indications !...

LA PERSÉVÉRANCE. Celui qui t'envoyait à ta perte ne te craint pas ; l'homme est si faible contre le vice !

COCODET. Le vice ! et moi qui l'ai laissé en tête-à-tête avec Muguet !...

LA PERSÉVÉRANCE. Je saurai vous mettre en garde contre les embûches qu'il pourrait vous tendre.

COCODET. Vous auriez un tel pouvoir !... mais je suis enchanté d'avoir fait votre connaissance.

LA PERSÉVÉRANCE. Je veux placer auprès de toi un serviteur dévoué qui, chaque fois que quelque péril vous menacera, t'en avertira... par un coup de sonnette.

COCODET. Mon domestique me sonnera ! alors j'aurai l'air du domestique de mon domestique.

LA PERSÉVÉRANCE. C'est que le serviteur que je veux te donner n'est pas un domestique comme les autres.

COCODET. Il n'est donc ni bavard, ni gourmand, ni voleur ?... alors, c'est tout bonnement une perle.

LA PERSÉVÉRANCE. C'est..... c'est un serpent.

SCÈNE V.

LES MÊMES, LE SERPENT, *en livrée.*

COCODET. Un serpent domestique !... et c'est lui qui va me... (*Il fait le simulacre de sonner.*)

LE SERPENT. A quoi veux-tu que soit bon le serpent à sonnettes, sinon à sonner.

Air : *On n'ose plus rire* (Dragons de Villars).

Ayez confiance ;
Il faut, il faut à ma science,
En remettre vos jours,
Et croire, et croire à mon secours.
Si par quelque ennemi,
Je le vois poursuivi,
Comme un libérateur
J'accours avec ardeur ;
Qu'un danger te menace,
Ma sonnette efficace (*bis*).
T'en prévient aussitôt,
Et contre tout complot } (*bis.*)
J'attache le grelot.
Din don, don, don, alors je sonne et carillonne, (*bis.*)
Din don, don, don, don, don, je sonne, sonne,
Din don, din don, din don, je carillonne ;
Oui, pour te tirer d'embarras,
Du battant, si tôt, je te donne,
A tour de bras.

COCODET. Son din, don, me paraît très-rassurant.... mais si l'on allait tromper sa surveillance ?... on a vu des serpents se laisser entortiller.

LE SERPENT, *se désignant.* On ne m'entortille pas, c'est moi qui entortille les autres.

LA PERSÉVÉRANCE, *au Serpent.* A ton poste ; voici l'ennemi.

COCODET. Déjà !.... Je ne suis pas tout à fait tranquille.

LE SERPENT. Rassure-toi.

REPRISE DE L'ENSEMBLE.

Afin de plaire aux dieux,
Pour tous ceux que je protège,
qu'elle
Je détruis chaque piège
Il détruit
Que l'on tendrait en ces lieux.
(*La Persévérance et le Serpent sortent.*)

SCÈNE VI.

COCODET, *puis* LA DISCORDE *et* MUGUET.

COCODET. C'est le petit scélérat qui tout à l'heure... Ah ! si je ne me retenais.... mais je crois plus prudent de me retenir.

LA DISCORDE *a Muguet.* Tu es donc inaccessible à tout plaisir.

MUGUET. Je ne crois à aucune joie possible sans Paquerette.

COCODET. Avec son ermite, ce farceur-là ne voulait-il pas m'envoyer chez le Ver solitaire ?

MUGUET. Par bonheur, tu ne t'es pas laissé leurrer par ses discours.

LA DISCORDE, *à part.* J'ai été trahie... (*Haut.*) Je voulais vous éprouver, et puisque vous avez résisté à mes tentations, je tiens à vous être utile.

COCODET, *à part.* Cet air mielleux doit cacher quelque traquenard. Mais s'il en est ainsi, drelin, din, din... voilà, voilà... on ne m'entortille pas, comme dit c't' autre.

LA DISCORDE. Asseyons-nous à l'ombre de cet arbre.

MUGUET. Volontiers.

LA DISCORDE. Y a-t-il longtemps que vous avez quitté celle à qui vous avez fait vœu de fidélité ?

MUGUET, *soupirant.* Il y a près de dix mois.

LA DISCORDE. Voulez-vous la voir ?

MUGUET. La voir ?... elle ?... Paquerette ?

LA DISCORDE. Je ne puis vous montrer qu'en songe ; mais, en vous fermant les paupières, cette préparation d'Orient remplira votre sommeil de son image. (*Il lui présente une bonbonnière.*)

COCODET. Un instant... (*Prenant un des bonbons.*) Hé là-bas ! il n'y a pas de danger ?... Je n'entends rien... pas le moindre din, don... tu peux y aller de confiance.

MUGUET, *souriant.* En vérité ?

COCODET. Regarde plutôt... (*Il va pour avaler le bonbon.*)

MUGUET. S'il y a là un danger, il doit être pour moi seul. (*Il mange la pastille dont s'était emparé Cocodet.*)

COCODET. S'il peut dormir, il n'y aura pas de mal, il ne veut jamais prendre le moindre repos. (*Chantant.*)

Dodo, l'enfant do,
L'enfant dormira tantôt.

MUGUET. Qu'ai-je donc ?... quelle accablante ivresse !...

LA DISCORDE. Il s'endort.

COCODET. C'est, ma foi, vrai.

LA DISCORDE. Et le sommeil, à l'ombre de ce mancenillier, c'est la mort.

MUGUET, *rêvant.* Chère Paquerette, je t'aime !...

COCODET. Je suis sûr qu'il rêve des bêtises !... Si je tâchais d'en faire autant ?... (*Il s'asseoit et s'adosse au buisson.*)

LA DISCORDE. Il n'a pas deux heures à vivre... Que le Temps soit promptement instruit de ce succès inespéré. (*Elle sort.*)

SCÈNE VII.

COCODET, MUGUET, *endormi, puis* LE SERPENT A SONNETTES *et son Bataillon.*

COCODET, *se grattant.* Sapristi ! que ça me démange !... Où, diable, me suis-je fourré ?... (*Il touche à l'arbre et se gratte de nouveau.*) Aïe !.. je m'adosse à l'arbre à gratter !... et mon domestique ne me sonne pas !... (*Il se lève.*) Je trouve qu'il s'oublie... ou plutôt qu'il m'oublie furieusement.

LA BOUTEILLE A L'ENCRE.

Air : *On n'ose plus rire.*
Par imprévoyance,
Il peut exposer l'existence
De deux infortunés,
Hélas ! du sort trop malmenés.
Mais, c'est peut-être à tort
Que je tremble si fort ;
Et, si je n'entends rien,
C'est qu'ici tout va bien.
Seul, en ces lieux, je n'ose,
Quand tout en paix repose, (bis.)
me coucher et dormir.
Il ne saurait faillir,
Il ne peut me trahir, } (bis.)
En attendant qu'ici sa sonnette résonne (bis.)
  (Il se couche.)
Et din, don, puisqu'il faut qu'il carillonne,
Au moindre danger, puisqu'il faut qu'il sonne.
A lui je me fie, et dès lors
Entièrement je m'abandonne,
Et je m'endors.
(*Sur la ritournelle, tous les Serpents se montrent et agitent leurs sonnettes.*)

COCODET, *se relevant avec effroi.* Qu'est-ce qu'il y a ?
MUGUET. Quel est ce bruit ?... Je faisais un si doux rêve !
LE SERPENT A SONNETTES. Le feuillage de cet arbre est mortel pour qui s'endort à son ombre... Cocodet, sauve ton ami.
COCODET. Muguet ! Muguet ! reviens à toi !... Il se soutient à peine... Si encore il passait le moindre omnibus. (*Paraît une voiture faite d'écailles de tortues, et traînée par des Lézards.*)
LE CRAPAUD, *qui fait l'office de conducteur.* Pour Leucade, en voiture !
COCODET. Pour n'importe où, ça me va. (*Il fait monter Muguet.*)
LE CRAPAUD. Complet !...
COCODET. Eh bien, et moi ?... (*Il court après la voiture. Le Boa, la Tarentule, l'Aspic, la Vipère, etc., leur barrent le chemin.*)

REPRISE DU CHOEUR.
Unissons-nous pour assurer leur perte, etc.
(*Le bataillon de Serpents a Sonnettes protége la fuite de Muguet et de Cocodet ; la voiture qui les transporte disparaît. Tableau.*)

FIN DU DEUXIÈME ACTE

ACTE TROISIÈME

QUINZIEME TABLEAU
L'EMPIRE DES SENS.

Le palais des époux l'OEil et l'Oreille.

SCÈNE PREMIÈRE.

L'OEIL, L'OREILLE, L'OREILLE-AU-GUET,
L'OEILLADE, LA SOURDE-OREILLE,
L'OEIL POCHÉ, *et* AUTRES PERSONNAGES
DE LA SUITE DE L'OEIL *et* DE L'OREILLE.

ENSEMBLE.
Air *Russe.*
Bravo ! bravo ! bravo ! bravo !
Bravo ! bravo ! bravo ! bravo !
Que chaque écho
Vous redise bravo !

L'OEIL.
Je l'emporte, ah ! pour moi, quelle victoire !
Quant à mes ennemis, n, i, ni.
Lutter contre l'oeil était dérisoire,
Pour eux, n, i, ni : c'est fini.
Bravo ! bravo ! bravo ! bravo !
Bravo ! bravo ! bravo ! bravo !
Oui, chaque écho
Me répète bravo !

REPRISE.
Bravo ! bravo ! etc.

L'OREILLE.
A vos rivaux, nous avons fait la nique,
Nous avons bâclé ça, vlan, vlan.
Seigneur, votre triomphe est sans réplique ;
A tous, on dit : du flan, du flan.
Du flan, du flan, du flan, du flan,
Du flan, du flan, du flan, du flan ;
Ah ! quel élan,
Pour leur dire du flan !

REPRISE.
Du flan, du flan, etc.

L'OEIL. C'en est fait, notre souverain, le Cerveau, m'a déclaré le premier des sens... L'oeil est à la tête... des affaires.
L'OREILLE. C'était assez naturel, l'OEil approchant le plus le Cerveau.
L'OEIL POCHÉ. Il y a pourtant eu du tirage ; on s'est cogné... et moi, l'OEil poché, j'ai naturellement empoché mon pochon ; l'Odorat et le Goût sont des sens délicats, ces concurrents-là ne m'effrayaient pas ; mais le toucher, bigre !... c'est le Toucher, qui m'a flanqué ça !... Enfin, grâce à votre alliance avec l'Ouïe, qui nous assurait le concours de l'Oreille-au-Guet, grâce aussi à votre fille, l'OEillade, qui nous a valu plus d'un suffrage, vous l'avez, en un clin-d'oeil, emporté sur tous vos rivaux.
L'OEIL. Celui que je redoutais le plus était le Sens-Commun.
L'OEILLADE. Sens-Dessus-Dessous l'a bien arrangé, le Sens-Commun !... Il a déclaré qu'il mettrait plutôt tout à l'envers de ce lui voir accorder la moindre distinction.
L'OREILLE. Ce diable de Sens-Dessus-Dessous ne parlait de rien moins que de mettre le Cerveau en bas.
L'OEIL POCHÉ. Si ça ne fait pas rire : le Cerveau en bas de soi !... Quant à Sens-Devant-Derrière, lui, il tournait logiquement le dos à tous les partis... Si on l'avait écouté, je ne sais fichtre pas où il aurait placé l'OEil.
L'OEIL. L'OEil dont les différentes missions sont si importantes !

Air *de Renaudin de Caen.*
Partout l'OEil reçoit bon accueil,
De l'OEil on ne saurait médire ;
L'OEil à crédit en cet empire,
On lui fait l'oeil, et l'OEil à l'oeil.
C'est avec une tendre oeillade,
Que Vénus subjugua Vulcain ;
Que de choses on persuade
Avec un oeil Américain.
Afin d'éviter un écueil
Que, souvent, trop tard on remarque,
A bon port, pour mener sa barque,
Faut avoir le compas dans l'oeil.
Croyez-vous à l'Académie,
Pouvoir recueillir un fauteuil
Par le talent, par le génie,
Vous vous mettez le doigt dans l'oeil ;
Au docteur qui passe le seuil,
Trop fréquemment de votre gîte,
Pour ôter le droit de visite,
Il faut avoir bon pied, bon oeil.
Redoutez un bouillon à boire
Dans ce prospectus plein d'orgueil
Il vous offre un gain illusoire ;
Le bouillon a toujours de l'oeil.
Jeune femme et mari trop vieux,
En ont bientôt, qu'on se l'répète,
Le mari par-dessus la tête,
La Femme par-dessus les yeux.
Des fous, pour y voir davantage
Au microscope ont recours ;
Combien de fois, il est plus sage
De n'y regarder qu'à l'oeil nu !
Parlez-vous de dons précieux ?
Vous placez les yeux à la tête ;
Dans les yeux l'âme se reflète,
Mir' plutôt dans mes yeux tes yeux.
Entre quatr'-z-yeux, je le confesse,
L'oeil excite parfois le mépris.
Mais c'est quand l'oeil aux pieds s'abaisse
Et qu'il devient oeil de perdrix.
Partout ailleurs a fait accueil
A l'oeil dont on n' saurait médire ;
L'OEil a crédit en cet empire,
On lui fait l'oeil et l'OEil à l'oeil.

REPRISE ENSEMBLE.
Partout l'oeil reçoit bon accueil,
De l'oeil on ne saurait médire, etc.

L'OREILLE. On n'a fait que vous rendre justice, et ce n'est certes pas à l'aveuglette qu'on vous a proclamé notre guide.
L'OEIL. Chère femme, tu as bien aussi ton mérite, toi l'Oreille.
L'OEIL POCHÉ, *à l'Oreille.* Nos adversaires savaient que, depuis longtemps, l'OEil louchait cette distinction, et, dans une des plus grandes maisons de l'État, l'on avait juré sa perte.
L'OREILLE. Allons donc, il n'y a que dans les maisons borgnes qu'on ait pu penser perdre l'OEil.
L'OREILLE-AU-GUET, *prêtant l'oreille.* Attention !...
L'OEIL. Qu'est-ce qu'il y a ?
L'OEIL POCHÉ. L'Oreille-au-Guet a toujours la manie de vous mettre la puce à l'oreille.
L'OREILLE-AU-GUET. C'est le meilleur moyen de prévenir le danger.
L'OEIL POCHÉ, *à l'OEil.* Pour maintenir vos droits, vous pouvez, au besoin, disposer de toutes nos ressources... (*Très-haut à la Sourde-Oreille.*) N'est-il pas vrai ?
LA SOURDE-OREILLE. Paît-il ?
L'OEIL POCHÉ. Je dis que nous serions heureux de consacrer tout ce que nous possédons à la gloire du seigneur l'OEil.
LA SOURDE-OREILLE. Je n'entends pas.
L'OEILLADE. Je reconnais bien là la Sourde-Oreille.

Air :
Si vous leur demandez un rien,
Que de gens ont l'oreille dure ;
Ne sachant pas faire le bien,
Ils n'sav' pas b' bien que ça procure.
Mais, aisément, on s'aperçoit
De la ruse qui les conseille :
Offrez-leur si peu que ce soit,
Ils ne feront plus la sourde-oreille.

L'OEIL POCHÉ. Nous allons bien voir. (*Présentant sa tabatière à la Sourde-Oreille et très-bas.*) En voulez-vous ?
LA SOURDE-OREILLE. Volontiers.

L'ŒIL POCHÉ.
Offrez leur si peu que ce soit,
Ils ne f'ront plus la sourde-oreille.
L'OREILLE-AU-GUET, à l'Œil. C'est encore le Goût, l'Odorat et le Toucher qui s'entretiennent de vous.
L'ŒIL. En effet, les oreilles me cornent. (A part.) Pour un mari, c'est mauvais signe...
L'ŒIL POCHÉ. Eh! mais, les voici.
L'ŒIL. Que veulent-ils?
L'OREILLE-AU-GUET. Ils demandent si vous êtes disposé à leur prêter un moment l'oreille.
L'ŒIL. Leur prêter ma femme!
L'ŒIL POCHÉ. Vous n'y êtes pas... Il ne s'agit que de les entendre.
L'ŒIL. C'est différent, qu'ils entrent.

SCÈNE II.

LES MÊMES, LE GOUT, L'ODORAT, LE TOUCHER.

ENSEMBLE.

LE TOUCHER, LE GOUT, L'ODORAT.

Air : Si les Rois.

Vous nous voyez, près de vous accourir
Chacun de nous, vient ici vous offrir
Un franc concours espérant obtenir,
L'insigne honneur de vous servir.

L'ŒIL ET LES AUTRES.

J'étais bien sûr de les voir accourir
Chacun d'eux vient à l'Œil, afin d'offrir
Un franc concours, espérant obtenir,
L'insigne honneur de le servir.

L'ODORAT. Seigneur, nous venons vous offrir nos services. On vous a donné le pas sur nous, c'est très-bien; mais enfin, sans moi, l'Odorat, vous ne sauriez respirer.

L'ŒIL POCHÉ, à part. Ça embête le Nez, d'être au-dessous de l'œil.

LE GOUT. De même que sans votre serviteur le Goût, vous ne pourriez rien savourer. (*Présentant le Toucher.*) Quant au Toucher, vous avez trop de tact, pour ne point apprécier tout ce qu'il y a de modeste dans son silence.

L'ŒIL. Assurément. Je sais que vous êtes d'utiles et précieux auxiliaires.

LE TOUCHER.

Air : Ne raillez pas la Garde citoyenne.

Vive le Goût, dans son charmant ouvrage,
Le goût brilla, Savarin l'a vu;
Or son éloge est transmis d'âge en âge;
En sa faveur le reste est superflu.
De l'Odorat j'épouse aussi la cause,
Il met souvent en garde l'estomac,
Il fait aimer le parfum de la rose,
L'Odorat seul fait priser le tabac.
Moi, le Toucher

(*A l'Oreille qui recule.*)

Qu'est-c' qui vous effarouche?
Je n'ai rien fait qui pût vous offenser
Ne faite pas tant la sainte-n'y-touche,
L'on ne saurait du Toucher se passer.
Le piano deviendrait impossible,
Sans le Toucher, nul ne peut l'ignorer,
Que d'instruments ont leur corde sensible
Que l'on ne peut sans moi faire vibrer!
Le bon rentier, malheureux gobe-mouche,
Court à la bourse, y porter ses écus,
Si l'action qu'on y vante le touche,

Il n'touch'ra plus du tout de revenus.
Grâce au Toucher, par une nuit obscure,
Vous discernez la forme et le contour,
On reconnaît le genr' de la figure,
Par le Toucher, même en dépit du jour,
Oui du Toucher, le mérite est palpable,
Unissons-nous, ensemble, il faut marcher.
Par l'union, tout devient praticable;
Voilà le but auquel il faut toucher.

REPRISE ENSEMBLE.

De chaque sens le mérite est palpable, etc.

L'ŒIL POCHÉ. Une alliance sincère a toujours été dans les vues de l'Œil.
LE TOUCHER. Alors, touchez-là.
L'ODORAT. Nous sommes tout à vous. (*Il embrasse l'Œil.*)

REPRISE.

Vous, nous, vites près de vous, accourir, etc.

(*Ils sortent.*)

SCÈNE III.

L'ŒIL, L'OREILLE, L'OREILLE-AU-GUET, LA SOURDE-OREILLE, L'ŒIL POCHÉ, L'ŒILLADE.

L'OREILLE. Ils sont forcés de reconnaître votre supériorité, mais je ne suis pas dupe de leurs protestations.

Air : Polka des deux vieilles Gardes.

Ces compliments,
Et ces embrassements,
N'ont pour objet,
Que l'intérêt;
Ne croyez pas
Aux baisers de Judas,
Griffes toujours,
Fait patte de velours,
Le Goût, malgré tout ses serments,
Vous montrera bientôt les dents.
Le Toucher, sachez ses desseins,
Dit qu' vous passerez par ses mains.
Bref, pour un ami vous prenez
L'Odorat, vous vous méprenez;
L'Odorat vous a dans le nez.
Ces compliments, etc.

L'ŒIL. Ils ne pourraient que perdre à se séparer de moi; tous, tant que nous sommes, nous ne saurions nous passer les uns des autres. Ah ça! et notre filleule Paquerette?

L'OREILLE. Dans quelques instants, elle sera près de nous à l'abri du seigneur Taistonbec.

L'ŒIL. A la bonne heure.

L'OREILLE-AU-GUET. Je vous annonce la visite de la princesse Gudule.

L'ŒIL. La future du prince Kolibrikiki? La vieille coquette! c'est une des pratiques de l'Œillade.

L'ŒILLADE. En effet.

L'OREILLE-AU-GUET. La voici.

SCÈNE IV.

LES MÊMES, LA PRINCESSE GUDULE.

LA PRINCESSE. Bonjour tout le monde... L'affaire qui m'amène te regarde, ô puissant organe de la vue.

L'ŒIL. Mon optique est à votre disposition, grande princesse.

LA PRINCESSE. Voici ce dont il s'agit. Il est, de par le monde, un gamin auquel je m'intéresse; pourquoi? je n'en sais rien, mais toujours est-il que depuis qu'il m'a dardée de son regard incandescent, je ne rêve qu'à ce pataud de Cocodet.

L'OREILLE. Cocodet?

LA PRINCESSE. C'est le nom du rustre à qui j'ai voué mon âme. Bref, ce butor a entrepris, de compagnie avec un insensé comme lui, un voyage qui doit toucher à son terme, si mon crétin n'a pas succombé aux périls de la route.

L'ŒIL. Et c'est pour être fixé sur son sort que vous êtes venue me trouver?... Rien n'est plus facile.

LA PRINCESSE. Il serait vrai! vous pourriez... Mais comment?...

L'ŒIL. Ça c'est un don de seconde vue. (*Il se retourne, il a par derrière un œil dont on voit s'ouvrir et se fermer la paupière.*)

LA PRINCESSE. O admirable faculté!... où a-t-on imaginé de te faire prendre ta source?

L'ŒIL. Voulez-vous le voir ce Cocodet?

LA PRINCESSE, *avec enthousiasme*. Oh! oui... Oui.

L'ŒIL. Je vais pour un instant donner à votre regard l'extension dont il dispose... Attention... (*La décoration prend la forme d'une tête, dont l'un des yeux s'entr'ouvre, et, dans cet œil, on aperçoit un rocher au-dessous duquel est un abîme; Cocodet, endormi, semble près d'y rouler.*)

SEZIÈME TABLEAU.

LE SAUT DE LEUCADE.

SCÈNE PREMIÈRE.

L'ŒIL, L'OREILLE, LA PRINCESSE GUDULE, L'ŒIL POCHÉ, COCODET, puis MUGUET, puis LE PRINCE KOLIBRIKIKI et TAISTONBEC.

LA PRINCESSE. C'est lui, c'est Cocodet. L'imbécile!... il va tomber dans ce gouffre!... (*Cocodet se retourne, bâille, entr'ouvre les yeux, s'aperçoit du danger, se lève et recule épouvanté.*)

LA PRINCESSE, *amoureusement*. Quelle vilaine grimace! J'en suis si toquée que tout, en lui, me charme et me transporte! (*Muguet paraît.*)

L'ŒIL. Que dites-vous de son camarade Muguet?

LA PRINCESSE. Je n'ai d'yeux que pour ce bélître de Cocodet.

L'ŒIL. Muguet semble l'entraîner vers l'abîme.

L'OREILLE. En effet, il lui représente que pour échapper aux poursuites dont ils sont l'objet et pour atteindre au but qu'ils se proposent, ils n'ont plus qu'à tenter les chances du saut de Leucade.

LA PRINCESSE, *avec enthousiasme*. Oui, mais Cocodet refuse!... il est si capon, ce cher amour.

L'ŒIL. Muguet est bien résolu.

LA PRINCESSE. Il embrasse Cocodet!... Que ne puis-je aussi l'étreindre!... (*Après avoir fait tout ce qui est indiqué dans le*

LA BOUTEILLE A L'ENCRE.

dialogue précédent, Muguet exécute le saut de Leucade.)

L'OREILLE, *le voyant sauter.* Ah!...

L'ŒIL. Il a sauté... que Neptune lui soit favorable. Eh! mais Cocodet l'imiterait-il? (*Cocodet, qui paraît déterminé à suivre Muguet, s'avance résolument vers le gouffre, en considère la profondeur, puis retourne sur ses pas en exprimant par sa pantomime, qu'il ne se résignera jamais à braver un pareil danger.*)

LA PRINCESSE, *toujours en extase.* Je l'avais bien jugé : Il a cagné. (*Le prince Kolibrikiki, suivi de Taistonbec et de ses gardes, coupent la retraite à Cocodet et s'emparent de lui; le prince est redevenu noir et Taïstonbec blanc.*)

L'ŒIL. Il est pincé !

LA PRINCESSE. Où prétendent-ils le mener?

L'OREILLE. A la prison des Mal-Chaussés pour lui faire subir le supplice des brodequins, s'il ne veut pas... je n'ai pu entendre la suite. (*L'œil se referme.*)

LA PRINCESSE. A la prison des Mal-Chaussés ! je veux y donner un coup de pied. O Amour, prête-moi tes ailes. (*La Princesse sort, reconduite par l'Œil et l'Œil-Poché.*)

SCÈNE II.

L'OREILLE, LA SOURDE OREILLE, L'OREILLE AU GUET, L'ŒILLADE, *puis* PAQUERETTE *et* COCODETTE.

L'OREILLE. La princesse Gudule pourra devenir une dangereuse rivale pour Cocodette.

COCODETTE, *entrant, suivie de Paquerette.* Qu'est-ce qu'appelle?... me voilà.

L'OREILLE. Cocodette!... et Paquerette! ma filleule...

PAQUERETTE. Bonne marraine...

L'OREILLE. Chère enfant!... je sais les craintes qui t'amènent, mais ici tu n'as plus à redouter les persécutions du seigneur Taistonbec, ni de son maître... Quant à Muguet, il ne tardera point à se revenir, car il aura bientôt acquis la récompense de sa courageuse entreprise.

COCODETTE. Et Cocodet?

L'OREILLE. Cocodet n'a point été aussi vaillant que Muguet; en reculant devant une de leurs dernières épreuves, il est tombé au pouvoir du prince Kolibrikiki, que le Temps avait lancé à leur poursuite.

COCODETTE. Poltron!... Mais il est maintenant plus à plaindre qu'à blâmer, et il faut avant tout songer à le tirer des griffes de nos ennemis.

PAQUERETTE. Par quel moyen ?

COCODETTE. L'Amour nous inspirera...

SCÈNE III.

LES MÊMES, L'ŒIL, L'ŒIL POCHÉ, *puis* LE TOUCHER, L'ODORAT *et* LE GOÛT.

L'ŒIL. Il m'arrive quelque chose de curieux...

L'OREILLE. Qu'est-ce donc?

L'ŒIL. Rien de ce que je bois ou de ce que je mange ne me paraît plus avoir aucun goût.

LA SOURDE OREILLE. C'est que vous êtes enrhumé. (*Elle prend une prise de tabac.*) C'est bizarre... mon tabac a perdu tout son parfum et n'a pas plus de montant que de la sciure de bois.

L'OREILLE. Vous ne devinez pas ?... Quand je vous disais qu'à la première occasion vous verriez le Goût et l'Odorat vous abandonner.

L'ŒIL. Tu supposerais ?...

L'OREILLE. Que ce sont des hypocrites que le Toucher ne tardera pas à imiter.

L'ŒIL POCHÉ, *accourant un flageolet à la main.* Voilà qui est particulier, mais je ne peux plus rien faire de mon flageolet.

L'ŒIL. C'est le Toucher qui nous dit flûte.

L'OREILLE. Eh bien?

L'ŒIL. Oh! nous nous vengerons.

L'OREILLE. Ils sont déjà punis par où ils ont péché; regardez. (*Le Toucher, le Goût et l'Odorat, privés de la vue, entrent à tâtons.*)

L'ŒIL POCHÉ. Ils n'y voient goutte.

LE TOUCHER. Pardonnez-nous, seigneur, nous avons voulu nous séparer de vous et il nous faut bien reconnaître à présent que la Vue est le premier des sens.

L'ŒIL. Vous êtes absous.

COCODETTE, *qui a pris à part l'Œillade, l'Oreille au Guet, etc.* Ainsi vous approuvez mon projet?

TOUTES. Oui, oui...

COCODETTE. A la prison des Mal-Chaussés !

TOUTES. A la prison des Mal-Chaussés !

CHŒUR.

Si pour le pauvre Cocodet
L'on dresse le gibet
Il faut de ce projet,
Il faut que le Prince ait regret.
Cocodet
N'a rien fait,
Sauvons Cocodet.

DIX-SEPTIÈME TABLEAU.

LA VIE EN PARTIE DOUBLE.

Une salle basse de la prison des Mal-Chaussés.

SCÈNE PREMIÈRE.

LE PRINCE KOLIBRIKIKI, TAISTONBEC, COCODET, *enchaîné*, LE TOURMENTEUR, *sous les traits d'un Inquisiteur,* INQUISITEURS, PÉNITENTS.

COCODET. Où me conduisez-vous?

TAISTONBEC. Nous sommes arrivés.

LE PRINCE. Tu persistes à nous cacher la retraite de Paquerette?

COCODET. Puisque je ne la connais pas.

LE PRINCE. Et tu refuses décidément de troquer ta peau contre ma peau?... Tu donc bien à la réflexion.

COCODET. Je n'ai jamais eu de chance; un physique agréable et une si belle boule blanche que la Providence m'ait départie; j'aurais donc tort de la donner pour votre boule noire.

LE PRINCE. Je ne te force pas; mais je compte beaucoup sur monsieur (*Il désigne le Tourmenteur*) pour te décider.

LA DISCORDE, *au Tourmenteur.* Mettez-lui les brodequins, d'abord.

COCODET. Il paraît que c'est le cordonnier de l'établissement.

LA DISCORDE, *à part.* Si, cette fois, il en réchappe...

SCÈNE II.

LES MÊMES, LA PRINCESSE GUDULE.

GUDULE. Que Vénus soit louée ! j'arrive à temps ! Grâce pour lui, je vous en conjure, grâce !...

LE PRINCE. Vous portez à ce drôle un bien vif intérêt?

GUDULE. C'est... c'est pour votre gloire, que je ne voudrais pas que vous entachassiez par une injustice.

LE PRINCE. Il m'a bien plus entaché avec le bain d'encre qu'il m'a fait prendre.

GUDULE. Le seigneur Taistonbec avait endossé votre infortune ; comment est-il redevenu blanc et êtes-vous redevenu noir ?

LE PRINCE. Mais, pour multiplier la race nègre, il fallait que Taistonbec épousât Paquerette, et son mariage ayant raté, bernique pour la multiplication. (*Au Tourmenteur.*) Allons, faites votre office.

GUDULE. Arrêtez... (*Au Prince.*) Vous ne devinez donc rien, il faut donc tout vous dire. Eh bien... je suis toquée de ce cuistre !

LE PRINCE. Fouchtra ! qu'apprends-je là ? qu'on lui tranche le nez, les oreilles, et...

GUDULE. Ah !... c'en est trop... Mais vous avez donc l'âme plus noire que le cœur de la cheminée ?

LE PRINCE. Allez !... (*On entraîne Cocodet.*)

TAISTONBEC. D'honnêtes pèlerins, prétendant qu'un grand danger menace Votre Altesse, viennent, disent-ils, afin de l'y soustraire.

LE PRINCE. Vite, qu'ils entrent.

SCÈNE III.

LE PRINCE, TAISTONBEC, GUDULE, L'OREILLE, LA SOURDE OREILLE, L'OREILLE AU GUET, L'ŒILLADE, *déguisées en pèlerins, conduites par* LA PERSÉVÉRANCE *et* COCODETTE, *également en pèlerins*.

LE PRINCE. Soyez les bienvenus, dignes pèlerins. Vous avez dit qu'il était en votre pouvoir de me préserver d'un danger ?

COCODETTE. Fais d'abord suspendre l'exécution du prisonnier que tu viens de condamner.

LA DISCORDE *et* LA PRINCESSE. Que dit-il ?

LA PERSÉVÉRANCE. Il n'en restera pas moins en ton pouvoir ; et, si après nous avoir entendus, tu persistes à vouloir sa mort, eh bien, il sera toujours temps. (*La Discorde va pour élever la voix, le Prince lui ordonne de se taire.*)

LE PRINCE. C'est juste... Qu'il soit donc fait ainsi que vous désirez. (*Il fait signe à Taistonbec d'aller faire suspendre l'exécution de Cocodet.*)

LA PERSÉVÉRANCE, *au Prince.* Maintenant, ta main.

LE PRINCE. Voilà... Vous avez le droit de m'annoncer toutes sortes de félicités.

LA PERSÉVÉRANCE. Les deux étoiles qui nous étaient apparues, liées l'une à l'autre, ne nous avaient pas trompés. Ton existence est attachée à celle d'un pauvre diable, dont le sort sera le tien, et lorsqu'il mourra, tu mourras.

LE PRINCE. Sapristi! mais je l'entourerai de soins, afin qu'il vive éternellement... Quel est-il?

LA PERSÉVÉRANCE. C'est Cocodet.

LE PRINCE. Cocodet!

LA PERSÉVÉRANCE. Tu ne peux rompre le charme qui vous unit qu'en recouvrant avec l'eau de Jouvence, le secret de l'Immortalité.

COCODET, *du dehors, et criant*. Aïe! aïe! aïe!

LE PRINCE, *criant de même*. Aïe! aïe! aïe!

LA PRINCESSE. Qu'avez-vous?

LE PRINCE. Je ne sais pas... c'est le contre-coup... Taistonbec, qu'est-ce qu'a donc Cocodet?

TAISTONBEC. Il a des crampes, prince.

LE PRINCE. Des crampes! c'est bien cela! (*Se tâtant les jambes.*) dans les jambes, n'est-ce pas?

TAISTONBEC. Non, dans l'estomac.

LE PRINCE. Dans l'estomac! (*Se tâtant l'estomac.* Tu as raison... oui, c'est... (*Criant.*) Ah!... c'est bien dans l'estomac; vite, qu'on l'amène... (*Taistonbec sort.*) Ah! que je souffre!...

LA PERSÉVÉRANCE. C'est la peur qu'éprouve Cocodet; comme tout est commun entre vous, le même effet se produit à votre égard.

LE PRINCE. C'est juste, ça réagit... Je veux mettre ce Cocodet dans du coton.

LA PERSÉVÉRANCE, *à part*. A merveille.

TOUS. Le voilà.

SCÈNE IV.

LES MÊMES, TAISTONBEC, COCODET, UN GARDE, *l'escortant*.

UN GARDE, *poussant Cocodet*. Marche donc!

LE PRINCE, *au Garde*. Malheureux, qui ne crains pas de me pousser dans la personne de ce cher Cocodet... (*A Cocodet.*) Comment te trouves-tu, mon bon ami?

TAISTONBEC, *étonné*. Son bon ami?

LE PRINCE, *à Taistonbec*. Mais débarrasse-le donc de ces chaînes... j'en ai les bras cassés.

COCODET. Suis-je bien éveillé? (*Il se frotte les yeux.*)

LE PRINCE. Prends garde, tu vas nous faire mal aux yeux... j'ai les yeux très-sensibles...

COCODET. Mais, vous et moi, c'est deux.

LE PRINCE. Pas du tout, c'est la même erreur; aussi je veux qu'on te dorlotte, qu'on te mijote comme moi-même; en un mot, qu'on ait le plus grand soin de ton économie... animale.

COCODET. Je ne comprends pas; c'est égal, je vous remercie de l'intention, quoique je ne sois pas douillet.

LE PRINCE. Si tu n'es pas douillet, je le suis, moi, et ne fût-ce que par égard pour ton prince, il faut que tu ménages ta chère santé.

GUDULE. Oh! oui!

LE PRINCE. Comment te sens-tu?

COCODET. Oh! ça va mieux.

LE PRINCE. En effet, je ne vais pas trop mal.

COCODET. Ça va même très bien.

LE PRINCE. C'est vrai, je suis très-bien.

COCODET. Et si j'avais tant seulement n'importe quoi à me mettre sous la dent...

LE PRINCE. Tu as faim!... il a faim!... nous avons faim!... Qu'on lui serve les mets les plus délicats, les vins les plus savoureux.

COCODET. Oh! il n'en faut pas tant : avec un bon morceau de lard...

LE PRINCE. Du lard!... Malheureux! tu veux donc t'étouffer, et moi avec?

COCODET. M'étouffer, avec un coffre comme ça? (*Il se frappe la poitrine.*)

LE PRINCE. Aïe!... il me cassera quelque chose, c'est sûr.

TAISTONBEC. La table de monseigneur! (*On apporte une table splendidement servie.*)

GUDULE, *bas à Cocodet*. Je t'avais bien dit que je veillerais sur toi, gamin.

COCODETTE, *à part*. Que lui dit cette femme?

GUDULE. Laisse-moi te nouer ta serviette.

COCODET. Mais vous m'étranglez!

LE PRINCE, *portant la main à son cou*. Ah!...

COCODET. Quel fumet!..., ah! le bon fricot!... il n'y a pas d'arêtes, hein? car on n'y voit goutte.

LE PRINCE. Qu'on nous éclaire à giorno... (*Les hallebardes des gardes se transforment en candélabres.*) Va doucement, ne mange pas si vite, et bois un peu... j'ai soif.

COCODET. Je boirai tant que vous voudrez... Oh! qué velours!

LE PRINCE. Assez, assez!... quel entonnoir!... Allons, bon! il va nous griser... la tête me tourne déjà...

GUDULE. Il est charmant!

LE PRINCE. Vous trouvez.

COCODET, *tendant son verre*. L'étouffe!...

LE PRINCE. Il étouffe, j'étouffe, nous étouffons. De l'air, vite de l'air... qu'on ouvre cette fenêtre.

COCODET, *à Taistonbec, qui ouvre la fenêtre*. Mais non, j'étouffe parce que j'ai soif; je ne veux pas d'air.

LE PRINCE, *à Taistonbec*. Misérable, veux-tu fermer cette fenêtre!

COCODET, *éternuant*. C'est votre satanée fenêtre.

LE PRINCE, *à Taistonbec, après avoir éternué aussi*. C'est ta satanée fenêtre.

COCODET, *se levant et allant au Prince en chancelant*. Vous, vous êtes un bon enfant.

LE PRINCE. N'est-ce pas? (*A part.*) Mais si jamais l'eau de Jouvence rompt le charme... (*Trébuchant comme Cocodet.*) Dans quel état il nous a mis!

COCODETTE, *bas à Cocodet*. Psit...

COCODET. Plaît-il?

LE PRINCE, *à la Princesse*. Vous dites?... (*La Princesse indique qu'elle n'a pas parlé.*) J'ai entendu psit... (*Taistonbec indique qu'il n'a rien entendu.*)

COCODETTE, *bas à Cocodet*. Il faut que je te parle...

LE PRINCE, *à la Princesse*. Tu veux me parler?...

COCODETTE, *à Cocodet*. Éloigne tout ce monde...

LE PRINCE. Que j'éloigne tout ce monde... Je comprends, pour nous ménager un tête-à-tête.

LA PRINCESSE. A qui diable en avez-vous? (*A Taistonbec.*) Taistonbec, psit, ici donc.

COCODET, *à Cocodette*. Mais s'ils ne veulent pas s'en aller?

COCODETTE. Ordonne; on s'empressera d'obéir.

COCODET. Je suis curieux de voir ça. (*A Taistonbec.*) Taistonbec, psit, ici donc.

GUDULE, *amoureusement*. Qu'il est canaille!...

TAISTONBEC, *Cocodet*. Que désire Votre Seigneurie?

COCODET, *après un faux pas qu'imite le Prince, et se rengorgeant*. Ma Seigneurie est fatiguée et désirerait se reposer...

LE PRINCE. Il a raison. Le repos me fera du bien : marchons.

TAISTONBEC. Eh! quoi, Prince?

LE PRINCE, *très-ivre*. Appelle-moi Alfred, et filou.

ENSEMBLE.

AIR: *Enfant du Carnaval.*

Sachons tous ici lui plaire,
Dépêchons-nous de partir;
Afin de le satisfaire
Empressons-nous d'obéir.

COCODET.
Ils s'en vont! quelle surprise!

COCODETTE.
Bientôt vous allez savoir...

COCODET.
Je redoute une méprise.

COCODETTE.
D'où vous vient un tel pouvoir?

REPRISE.

Sachons tous ici lui plaire, etc.

(*Cocodet éternue.*)

LE PRINCE, *éternuant*. Décidément nous nous sommes enrhumés. (*Tous sortent moins Cocodet et Cocodette.*)

SCÈNE V.

COCODET, COCODETTE.

COCODET. Nous voilà seuls.

COCODETTE, *retirant son feutre et sa fausse barbe*. M'aimes-tu toujours?

COCODET! Cocodette!... si je t'aime toujours? je le crois bien. (*Il l'embrasse.*)

COCODETTE. Et tu es toujours disposé à m'épouser?...

COCODET. D'autant plus volontiers que nous ferons la noce aux frais du gouvernement.

COCODETTE.

AIR nouveau de Mme Legier.

Ah! bientôt, Dieu merci,
Nous pourrons, tout à l'aise,
Nous aimer, n'en déplaise,
A tout les gens d'ici.

COCODET.
Mon âme est tout en flamme
Tu deviendrais ma femme,
Ma femme, ma femme,
Et je s'rais ton mari.

ENSEMBLE.
Ah ! bientôt Dieu merci, etc.

COCODET.
Même Air :
En avant les flonflons,
Le Prince et la Princesse
Pour chanter notre ivresse,
Vont payer les violons.

COCODETTE.
Une fois en ménage,
Ne soyez pas volage,
Volage, volage,
L'amour a ses leçons.

REPRISE ENSEMBLE.
En avant les flonflons, etc.

SCÈNE VI.

LES MÊMES, LA DISCORDE, GUDULE.

LA PRINCESSE. Que vois-je ?
LA DISCORDE. Cocodette !... votre rivale.
LA PRINCESSE. Je n'irai pas par quatre chemins ; j'ai la faiblesse de t'aimer, butor, et je me suis promis que tu n'appartiendrais qu'à moi.
COCODET. Vous avez eu tort de vous promettre ça.
LA PRINCESSE. Or, si tu ne renonces à Cocodette (Tirant un poignard et l'en menaçant.) tzing, tzing...
COCODET. Vous dites ?
LA PRINCESSE. Je dis tzing, tzing...
COCODETTE. Hésiterais-tu ?
COCODET. Dam, écoutez donc, tzing, tzing, c'est assez désagréable.
LA DISCORDE, à part. Il faiblit. (Haut.) Le Gouverneur ! choisis le trépas avec Cocodette ou la vie et la fortune avec la toute-puissante princesse Gudule.
COCODET. Qui vivra verra, dit-on, je suis curieux, je demande à vivre.
GUDULE. Tu verras... gamin.
COCODETTE, à Cocodet qui semble vouloir s'excuser. Je ne vous connais plus... Allez coucher.
LA DISCORDE, se frottant les mains. Très-bien.

SCÈNE VII.

TOUS LES PERSONNAGES DU TABLEAU.

GUDULE, au Prince, qui entre suivi de Taistonbec, etc. Venez, prince, venez, j'ai à vous apprendre une nouvelle qui, j'en suis persuadée, vous réjouira fort : vous recherchez depuis longtemps ma main, et je suis aujourd'hui décidée...
LE PRINCE, avec joie. A m'épouser ?
GUDULE. A peu près.
LE PRINCE. Vous voulez m'épouser à demi ?
GUDULE. Dame ! puisque j'épouse l'autre moitié de vous-même. (Elle lui présente Cocodet.)
LE PRINCE. Lui !... Tu oserais ?...
COCODET. Permettez...
LA DISCORDE. Silence !

LE PRINCE, menaçant Cocodet du pied. Si j'en croyais ma colère...
TAISTONBEC, arrêtant le Prince par le pied. Prince, ménagez-vous.
LE PRINCE. Je l'avais oublié, le même coup nous frapperait tous deux, et, le... contrarier serait m'exposer... Qu'il vous épouse donc et satisfasse ainsi mon inclination ; tout ce que je vous demande c'est de tout faire pour son bonheur, puisque je ne puis plus être heureux que par correspondance.
COCODETTE, à part. Un espoir me reste.
GUDULE. Demain, à l'occasion de notre hymen, il y aura grande fête en notre palais ; j'espère que personne ne manquera d'y assister.
TOUS. Vive la princesse Gudule !
GUDULE. Vive Cocodet premier !
TOUS. Vive Cocodet !
TAISTONBEC, à part. Quelle humiliation !

CHŒUR.
Air de Don César.
A danser que chacun s'apprête
Pour la noce faisons des vœux ;
Demain ce sera grande fête,
On nous verra tous joyeux.

DIX-HUITIÈME TABLEAU
LE TOUR DU CADRAN.

Un bosquet dans les jardins du palais de la Princesse Gudule. Au fond, une statue allégorique de l'Amour régnant sur le monde ; à gauche, un trône élevé sous un berceau de fleurs ; à droite des gradins au dessus desquels sont des cartouches avec les initiales C. G. se mariant au milieu de guirlandes.

SCÈNE PREMIÈRE.

LE PRINCE, TAISTONBEC. (Le Prince entre par la droite et Taistonbec par la gauche, de façon à se rencontrer au milieu du théâtre.)

LE PRINCE. Eh bien, Taistonbec ?
TAISTONBEC. Le cortège s'avance, et après la fête à laquelle nous allons assister malgré nous, leur union doit être célébrée.
LE PRINCE. C'en est donc fait, il n'y a plus d'espoir... la seule voie de salut possible était une voie d'eau, mais comment se procurer encore une goutte d'eau pure de Jouvence ? (On entend des fanfares.)

SCÈNE II.

LES MÊMES, LA PRINCESSE GUDULE, COCODET, en costume de cour, LA DISCORDE, toujours sous les traits d'un inquisiteur, SEIGNEURS, DAMES D'HONNEUR, GARDES, PAGES, etc.

CHŒUR.
CHŒUR HOMMES et FEMMES.
AIR : Nous sommes six Seigneurs.
Tous, il nous faut ici, promettre à Sa Hautesse,
De consacrer toujours,
De consacrer nos jours,
A l'époux qu'a choisi notre chère Princesse,

COCODET.
Qu'elle reste votre maîtresse,
Je prétends qu'avec son époux
Vous partagiez tous sa tendresse.
Partagez-vous son cœur, je ne suis pas jaloux.

REPRISE.
TOUS LES CHŒURS.
Tous, il nous faut ici, promettre à Sa Hautesse, etc.
LE PRINCE, bas à Taistonbec. Il me la souffle, elle et son royaume ! mais, puisque tout est commun entre nous, j'en aurai ma part, du royaume.
GUDULE. Que la fête commence.

BALLET.

GUDULE. C'est délicieux !...
LE PRINCE. C'est délirant !...
TAISTONBEC. Il en frétille.
TOUS. Bravo !
LA PERSÉVÉRANCE, bas à Cocodet. Et Cocodette ?
COCODET. Ah ! ma foi bonsoir.
TAISTONBEC. Je n'en puis plus.
LE PRINCE. C'est tuant.
COCODET. Courte et bonne.
TOUS. Il a raison... Courte et bonne.
LA DISCORDE. Vous avez prononcé votre condamnation. (Montrant la Statue.) L'Amour avait un instant arrêté l'action du Temps, mais le Temps ne peut pas perdre ses droits, et il se rattrappe. (A ce moment à la statue de l'Amour se substitue celle du Temps et le globe terrestre est remplacé par un cadran d'horloge dont les aiguilles font le tour avec la plus grande rapidité, les heures sonnent confusément.) Courte et bonne, avez-vous dit ?... regardez... et la rapidité avec laquelle le Temps vous compte les heures vous apprendra que vos vœux sont exaucés.
COCODET. En v'là une machination !
LE PRINCE. Mais si ces aiguilles meurtrières continuent à faire ainsi en une minute trois ou quatre cents fois le tour du cadran, avant une heure ce sera fait de nous.
TAISTONBEC. Sapristi, il me tombe une dent !
LE PRINCE, examinant Cocodet. Sa chevelure devient chinchilla... ah ! mais je me détraque.
COCODET, considérant Gudule. Oh ! quelle patte d'oie !... Aïe... je crois que j'ai quelque chose qui se casse !... (Tous les personnages en scène se voûtent, tremblent et blanchissent instantanément.)
GUDULE. Aurais-je donc cessé d'être belle ?
TAISTONBEC. Il y a longtemps.
LE PRINCE. Nous sommes finis !...
TOUS. Hélas !...

SCÈNE V.

LES MÊMES, COCODETTE, MUGUET, PAQUERETTE.

COCODETTE. Ne désespérez pas ; la courageuse entreprise de Muguet a été couronnée d'un plein succès, et la fontaine de Jouvence va couler plus limpide que jamais.
LE PRINCE. L'eau de Jouvence est retrouvée, alors mon existence n'est plus liée à

celle de ce misérable... Qu'on s'empare de lui et qu'on le fustige à outrance.

TAISTONBEC. Faut-il qu'on le... devant... (*Il montre la cour assemblée.*)

LE PRINCE. Non, derrière... les murs du palais.

COCODETTE. Grâce, Prince, grâce pour mon mari.

COCODET. Grâce pour son mari.

LE PRINCE. Tu renonces donc à la Princesse ?

COCODET. Avec bonheur.

LE PRINCE. Un instant. (*A Cocodette.*) Qui me prouvera que tu ne nous en contes pas ?

COCODETTE. Venez avec moi.

LE PRINCE. Où ça ?

COCODETTE. A cent pieds sous terre, dans cette galerie des mines que la mobilité du sol a fait nommer le Château-Branlant.

TOUS. Au Château-Branlant ! (*Sortie ; changement à vue.*)

DIX-NEUVIÈME TABLEAU.

A CENT PIEDS SOUS TERRE.

SCÈNE PREMIÈRE.

MUGUET, OUVRIERS MINEURS. (*Des Ouvriers entrent roulant un baril ou portant différents ustensiles.*)

MUGUET. Placez-là ce baril de poudre ; après le repas du soir, nous reprendrons nos travaux, et si nous ne pouvons renverser cette roche, nous la ferons sauter.

(*Les ouvriers sortent.*)

SCÈNE II.

MUGUET, seul.

Enfin ! ils sont partis !... Ils croient que l'appât de l'or seul me fait vivre, comme eux, sous les sombres voûtes de ces mines. Ils n'ont pas deviné que là est le secret de la jeunesse et du bonheur ; ce dernier obstacle s'oppose encore à l'achèvement de tous mes rêves, ô ma chère Paquerette, mais bientôt il n'existera plus. (*Il prend une pioche et disparaît derrière le roc.*)

SCÈNE III.

LE PRINCE, LA PRINCESSE, TAISTONBEC, COCODET, *devenu très-chauve*, COCODETTE, *puis* MUGUET. (*Ils portent tous des seaux.*)

COCODETTE. Par ici, par ici...

COCODET. A l'eau !... mais je ne vois pas Muguet.

LA PRINCESSE. Il fait noir comme dans une bouteille d'encre.

MUGUET, *renversant une partie du rocher qui masquait la source*. Enfin !...

COCODET, *appelant*. Muguet !...

MUGUET. Qui m'appelle ?

COCODET. Lui !... Eh bien ! tu ne me reconnais plus... il est vrai que le Temps m'a un peu fauché la nuque...

MUGUET. Cocodet !... mais dans quel état !...

LE PRINCE. Vous avez donc enfin découvert la précieuse source qui doit rendre à la fontaine de Jouvence la vertu qu'elle a perdue.

MUGUET. Vous allez en juger, Prince... mais pourquoi cette escorte de seaux ?

COCODET. Le Prince a voulu venir en compagnie.

LE PRINCE. Faut chacun sa voie ; n'élève pas la tienne pour me blâmer. (*Heurtant le roc.*) Décidément on n'y voit goutte ici...

MUGUET. Il est certain que dans cet obscur dédale des lanternes eussent mieux valu que vos seaux.

COCODET. Voilà une idée lumineuse, mais, généralement, les seaux sont peu éclairés. (*Les seaux se transforment en autant de lanternes.*)

LA PRINCESSE. Ah ! l'Amour nous prête son flambeau.

SCÈNE IV.

LES MÊMES, LA PERSÉVÉRANCE, *puis* LA DISCORDE.

LA PERSÉVÉRANCE, *sortant du rocher*. Et la Persévérance, récompensant les efforts de celui qui s'est dévoué pour vous, donne à Muguet le pouvoir de vous ramener à vingt ans. (*Tous redeviennent jeunes.*)

COCODET. C'est encore la meilleure manière pour devenir mineurs.

COCODETTE. Eh bien, Monseigneur ?

LE PRINCE, *plaçant la main de Cocodette dans celle de Cocodet*. Je suis trop heureux pour ne pas être bon enfant... et Muguet ?

LA PERSÉVÉRANCE. Paquerette l'attend ; qu'il aille donc rejoindre Paquerette.

LA DISCORDE, *paraissant sur les ailes du Temps*. Pour rejoindre Paquerette, il lui faudrait sortir d'ici, et vous n'en sortirez plus... A moi, génies de ces mines ! (*Des gnômes paraissent, qui barrent le chemin aux personnages en scène.*)

COCODET. Nous sommes fichus !...

LA PERSÉVÉRANCE. Un moyen de salut vous reste ; oserez-vous le tenter ?

TOUS. Oui, oui...

LA PERSÉVÉRANCE. Faites sauter la mine. (*Tous reculent d'épouvante.*)

MUGUET, *mettant le feu aux poudres*. A la grâce de Dieu. (*Une détonation se fait entendre, la terre se sépare et laisse voir le septième ciel.*)

VINGTIÈME TABLEAU

LE SEPTIÈME CIEL.

L'Amour, sur un groupe de nuages, jette des fleurs sur la terre.

LA PERSÉVÉRANCE. Paquerette est à toi, Muguet.

L'AMOUR.

Pour prix de ta constance
L'Amour te la donne aujourd'hui,
Mais souviens-toi toujours que la Persévérance
Pour arriver au but est le plus sûr appui.

CHŒUR FINAL.

L'Amour a soutenu nos cœurs,
L'Amour et sa sœur l'Espérance
Aidés par la Persévérance
Triomphent de tous les malheurs.

FIN.

www.ingramcontent.com/pod-product-compliance
Lightning Source LLC
Chambersburg PA
CBHW060920050426
42453CB00010B/1840